# JLPT 급소공략

급소만을 집중 공략한
JLPT(일본어능력시험) 완벽 대비서

## N1 문법

다락원

# 머리말

JLPT(일본어 능력시험)는 일본 정부가 공인하는 가장 공신력 있는 일본어시험으로, 1990년부터 2018년까지의 일본어 능력시험 분석을 토대로 이번에 급소공략 N1 문법을 개정하여 출간하게 되었습니다. 「なせばなる(하면 된다)」라는 말처럼 노력하면 성과가 있는 법입니다. 하지만 실제로는 무엇을 어떻게 해야 하는가가 더 중요하다고 할 수 있습니다. 이 책은 의욕 있는 수험자라면 누구나 끝까지 최선을 다할 수 있도록 이끌어 내는 데 중점을 두었습니다.

**본서의 특징은**

첫째, 출제빈도가 높은 문법 항목부터 학습해 나가도록 구성했다는 데에 있습니다. 문법서의 구성은 비슷한 의미나 접속형태를 중심으로 그룹화하는 방법, 히라가나 순으로 문형을 전개해가는 방법이 일반적입니다만, 본서는 핵심문법 항목을 먼저 마스터함으로써 시험에 더 강해질 수 있도록 구성하였습니다.

둘째, 적정 난이도의 풍부한 문제를 제공하고 있습니다. 본서에는 연습문제 45회(총 450문제), 총정리 문제 5회(총 250문제)와 2회의 모의테스트가 실려 있습니다. 이렇게 많은 문제를 통해 수험생들은 자연스럽게 문제에 친근해질 수 있습니다.

셋째, N1 레벨에 맞는 어휘를 엄선, 이를 토대로 한 예문과 문제가 실려 있습니다. 문법은 단순히 문법 파트의 문제 뿐만 아니라 독해나 청해에서도 이해의 근간이 되는 부분이므로, 제시된 문법 예문과 문제들을 익혀간다면, 독해와 청해 문제 해결에도 커다란 힘이 되리라 확신합니다

넷째, 부록으로 최종 모의테스트와 테마별 문법정리, 그리고 부사와 경어를 보강하여 합격에 한 걸음 더 다가갈 수 있도록 노력하였습니다. 또한, N1 시험에 자주 출제되는 N2 문법 포인트를 제시함으로서 고득점 합격에 만전을 기했습니다.

본서는 저자의 오랜 현장 강의 경험을 토대로 만들어졌기에, 이 책만으로도 JLPT(일본어능력시험)대비는 물론, 일본어실력 향상에도 크게 도움이 되리라 확신합니다. 이 교재를 사용하여 효율적이고 체계적으로 문법을 익혀, JLPT N1에 꼭 합격하기를 기원하는 바입니다.

끝으로 이 책이 출판되기까지 많은 격려와 도움을 주신 다락원 정규도 사장님과 일본어 출판부 관계자 분들께 이 자리를 빌어 깊은 감사를 드립니다.

저자 김성곤

# CONTENTS

## PART1 • 001-030



## PART 2 • 031-060

## PART 3 • 061-090



## PART 4 • 091-120

## PART 5 • 121-150



## 부록

# JLPT(일본어 능력시험) N1 문제 유형 분석

JLPT(일본어 능력시험) N1 문법 문제는「문(文)의 문법1(문법형식의 판단)」,「문(文)의 문법2(문맥의 배열)」,「문장의 문법(문장의 흐름)」의 3가지 패턴으로 출제된다.

## 問題 5 문의 문법1(문법형식)

(　　) 안에 알맞은 표현을 넣어 문장을 완성하는 문제로,「문(文)의 문법1(문법형식)」에 해당된다. 문제 수는 10문제이며 변경될 경우도 있다.

27 人気作家A氏の講演会が無料 (　　　)、多くのファンが詰めかけた。(2011.7)

1 にして　　2 にあって　　3 として　　4 とあって

## 問題 6 문의 문법2(문맥배열)

「문(文)의 문법2(문맥배열)」에 해당되며, 문을 바르게 그리고 뜻이 통하도록 배열할 수 있는지를 묻는다. 밑줄 친 공란이 4개 만들어져 있고, 그 중 한 개의 공란에 ★ 표시가 되어 있다. 문제 수는 5문제이며 변경될 경우도 있다.

36 大学入試では、試験当日初めてその大学に行き、迷ってしまった＿＿＿ ＿＿＿ ＿★＿ ＿＿＿ 事前に見学しておくとよい。(2011.7)

1 ない　　2 という　　3 ように　　4 ことの

## 問題 7 문장의 문법(문장흐름)

비교적 긴 지문 안에 공란이 만들어져 있고, 그 공란에 들어갈 가장 좋은 것을 고르는 문제 형식이다. 문장의 흐름에 맞는 문(文)인지 어떤지를 판단할 수 있는가를 묻고 있다. 공란에는 반드시 N1 기능어가 사용되지는 않으며, 문장의 흐름에 맞는 문법 요소나 어휘, 접속사, 부사 등이 많이 나온다. 5문제가 출제되며 변경될 경우도 있다.

……

番組の途中にＣＭが 41 。が、モンダイはその入り方のタイミングだ。たとえば、歌やものまねのうまさを競い合う番組の中で、いざ、審査員の点数が出ようとするその直前に、ポンとＣＭが割って入る。あるいは、クイズ番組の中で正解が発表されようとするその瞬間に、サッと画面がＣＭに入れ替わる。ああいうせこい (注1) ことは 42 。(2011.7)

……

41

1 入るのにいい　　2 入るのがいいのか　　3 入るのはいい　　4 入るのでいいのか

42

1 やめようと思う　　2 やめてほしいのだ

3 やめるのだろうか　　4 やめられるものではない

# 교재의 구성과 특징

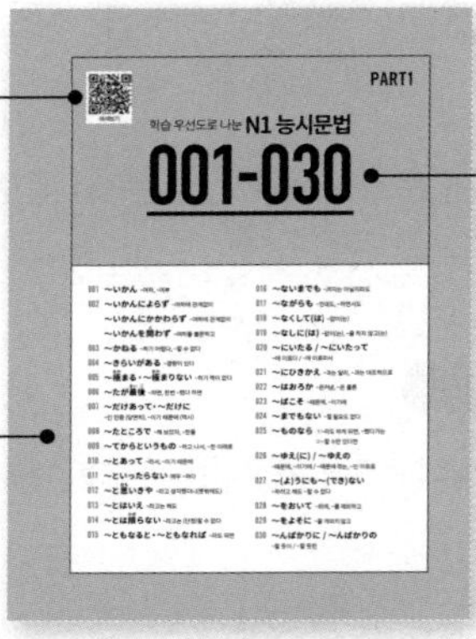

PART1
학습 우선도로 나눈 N1 능시문법
001-030


휴대폰으로 QR코드를 찍으면 각 문형의 예문과 연습 문제·총정리 문제의 해석을 볼 수 있다.

150개 문형을 학습우선도로 5개의 파트로 나누고, 각 파트를 30개씩 묶어 학습하도록 하였다.

본 학습에 들어가기전 앞으로 배울 문형과 그 뜻을 예습삼아 훑어보고 가자.

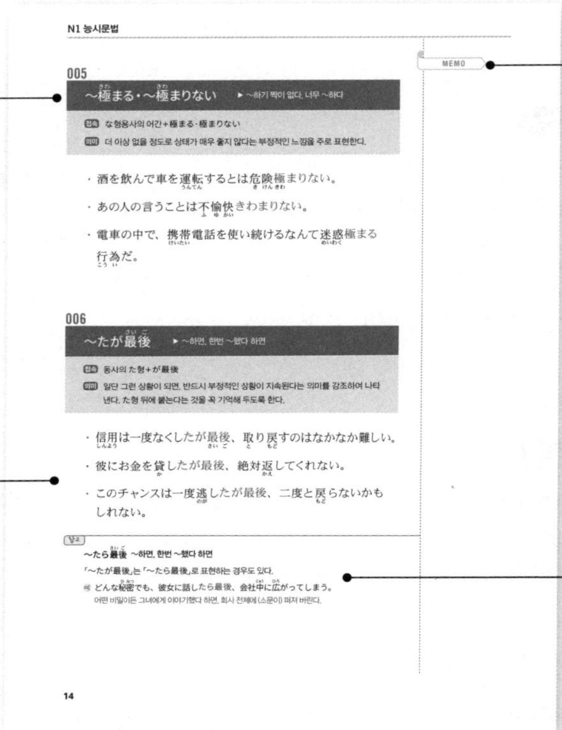
N1 능시문법

MEMO

005

～極まる・～極まりない ▸ ~하기 짝이 없다, 너무 ~하다

접속 な형용사의 어간＋極まる・極まりない

의미 더 이상 없을 정도로 상태가 매우 좋지 않다는 부정적인 느낌을 주로 표현한다.

・酒を飲んで車を運転するとは危険極まりない。

・あの人の言うことは不愉快きわまりない。

・電車の中で、携帯電話を使い続けるなんて迷惑極まる行為だ。

006

～たが最後 ▸ ~하면, 한번 ~했다 하면

접속 동사의 た형＋が最後

의미 일단 그런 상황이 되면, 반드시 부정적인 상황이 지속된다는 의미를 강조하여 나타낸다. た형 뒤에 붙는다는 것을 꼭 기억해 두도록 한다.

・信用は一度なくしたが最後、取り戻すのはなかなか難しい。

・彼にお金を貸したが最後、絶対返してくれない。

・このチャンスは一度逃したが最後、二度と戻らないかもしれない。

참고

～たら最後 ~하면, 한번 ~했다 하면

「～たが最後」는 「～たら最後」로 표현하는 경우도 있다.

예 どんな秘密でも、彼女に話したら最後、会社中に広がってしまう。

어떤 비밀이든 그녀에게 이야기했다 하면, 회사 전체에 (소문이) 퍼져 버린다.

14

## 필수 문법

문형의 접속 형태와 의미를 정리해 놓고 있다. 실제 문제에서는 알맞은 접속 형태를 묻기도 하므로 눈여겨 보고, 정확한 의미도 함께 숙지해 두도록 한다.

단어 정리나 필기 내용 등을 적을 수 있도록 **MEMO**를 마련했다.

문형이 실제로 문장에서는 어떻게 쓰이는지 그 예문을 싣고 있다. 이 예문은 대표적인 예문이므로, 가능하면 통째로 암기해 놓는 것이 좋다. 해석은 교재 부록 또는 PART 시작 페이지의 QR코드를 찍으면 확인할 수 있다.

추가로 함께 알아두면 좋은 표현이나 부연 설명 등은 따로 참고를 두었다.

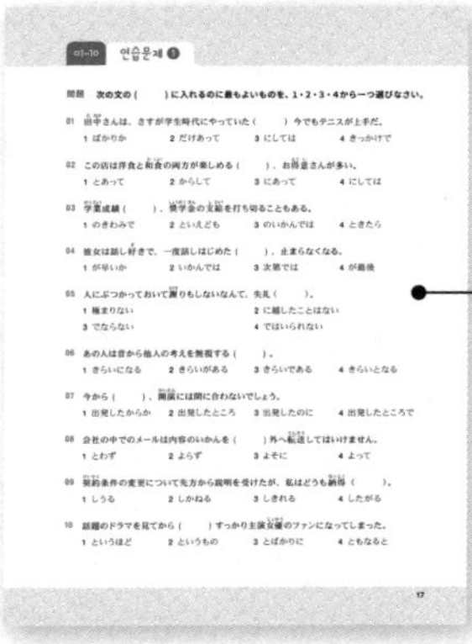


## 연습 문제

문형 10개마다 연습문제로 30문제가 실려 있다. 익힌 문형을 「문법 형식을 판단하는 문제」로 바로바로 풀어봄으로써 문형의 복습은 물론, 실제 시험을 푸는 요령도 함께 익힐 수 있다. 해석은 다락원 홈페이지 또는 PART 시작 페이지의 QR코드를 찍으면 확인할 수 있다.

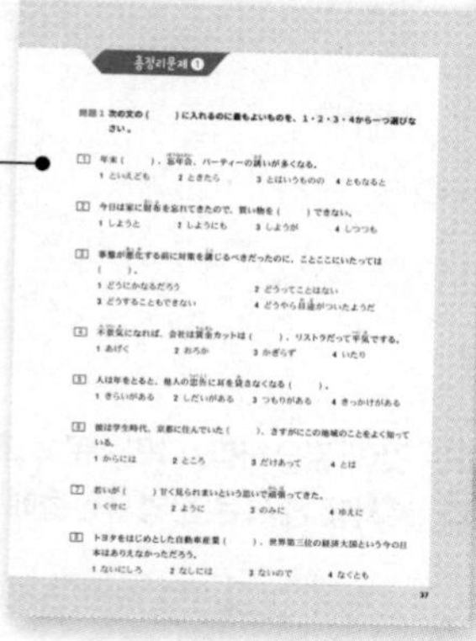

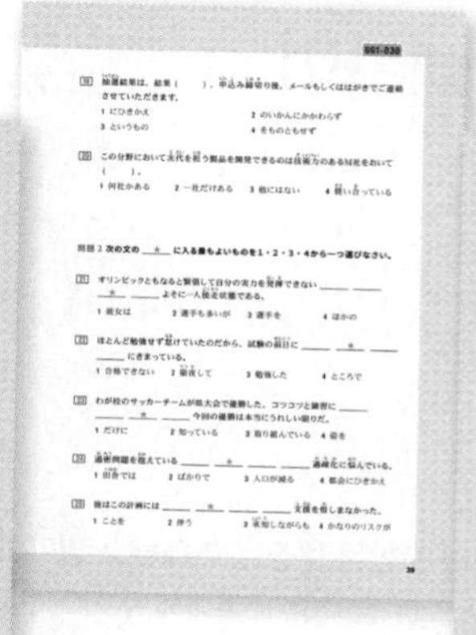

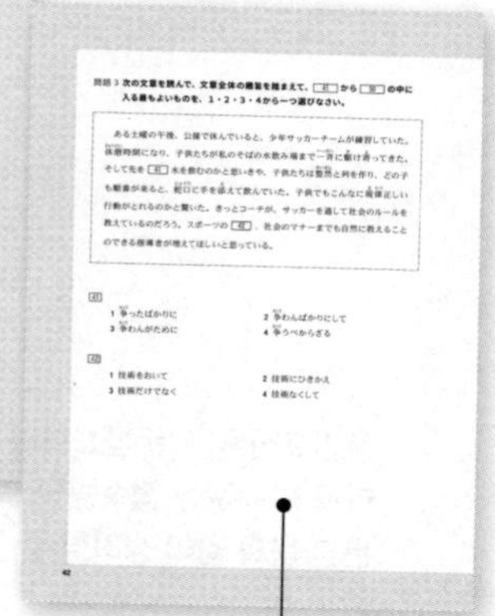

## 총정리 문제

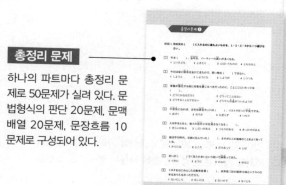

하나의 파트마다 총정리 문제로 50문제가 실려 있다. 문법형식의 판단 20문제, 문맥배열 20문제, 문장흐름 10문제로 구성되어 있다.

문제3 문장흐름은 원래 긴 문장이 나오고 5문제가 제시되지만, 여기서는 절반 정도의 지문 길이에 2~3개의 문제를 푸는 문제로 구성하여, 문제에 대한 부담을 줄였다.

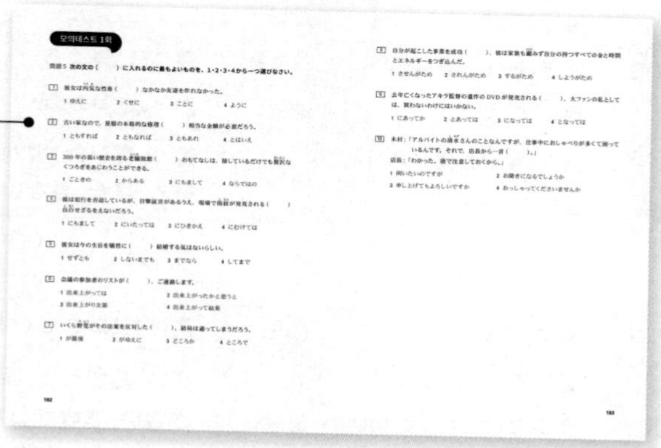

## 모의테스트

부록에는 마지막 마무리로 풀어볼 모의테스트 2회분이 실려 있다. 15분 정도로 시간을 맞춰 놓고 풀어보자.
한 회당 20문제이다.

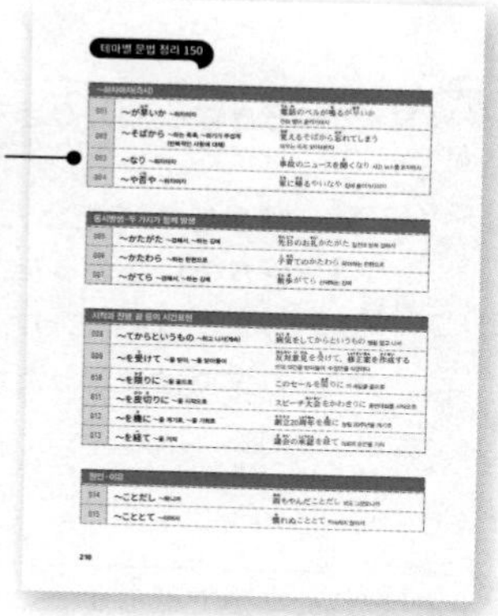

## 테마별 문법 정리 150

효율적인 학습을 위하여 비슷한 테마로 문법을 묶어 정리해 두었다. 문법을 모두 익힌 후 최종 복습으로 정리하면 도움이 된다.

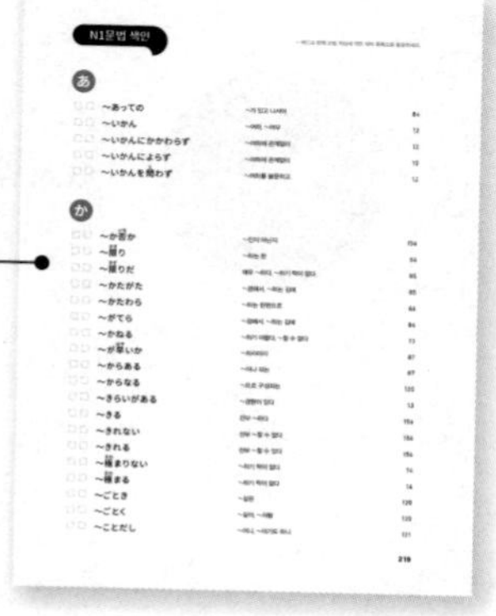

## N1 문법 색인

교재 안에 있는 150개 문법을 히라가나 순으로 정리해 놓고 그 문법의 의미와 해당 페이지를 표시해 놓았다. 색인과 함께 문법 학습에 대한 체크목록으로 활용하자.

# 접속형태에 대하여

문법표현들은, 문법표현이 포함된 문장을 이해하고 암기하는 것이 필요하다. 다만, 문법표현에 따라서 접속방법이 다르기 때문에 접속방법 또한 정확하게 이해해 두어야 한다. 본서에 제시된 문법표현들에 사용된 접속관련 표현들은 다음과 같이 정리할 수 있다.

**동사**

| | | | |
|---|---|---|---|
| 사전형 | 書く, 見る | た형 | 書いた, 見た |
| ます형 | 書き(ます), 見(ます) | 의지형 | 書こう, 見よう |
| て형 | 書いて, 見て | ば형 | 書けば, 見れば |
| ない형 | 書か(ない), 見(ない) | 보통형 | 書く, 書いた, 書かない, 書かなかった,<br>見る, 見た, 見ない, 見なかった |
| 가능형 | 書ける, 見られる | | |

**い형용사**

| | | | |
|---|---|---|---|
| 사전형 | 高い, さむい | ば형 | 高ければ, さむければ |
| て형 | 高くて, さむくて | 보통형 | 高い, 高かった, 高くない, 高くなかった,<br>さむい, さむかった, さむくない,<br>さむくなかった |
| ない형 | 高くない, さむくない | | |
| た형 | 高かった, さむかった | | |

**な형용사**

| | | | |
|---|---|---|---|
| 사전형 | 好きだ, ひまだ | ば형 | 好きなら(ば), ひまなら(ば) |
| て형 | 好きで, ひまで | 보통형 | 好きだ, 好きだった, 好きではない,<br>好きではなかった,<br>ひまだ, ひまだった, ひまではない,<br>ひまではなかった |
| ない형 | 好きではない,<br>ひまではない | | |
| た형 | 好きだった,<br>ひまだった | | |

**명사**

| | |
|---|---|
| 보통형 | 学生だ, 学生だった, 学生ではない, 学生ではなかった<br>休みだ, 休みだった, 休みではない, 休みではなかった |

해석보기

PART1

# 학습 우선도로 나눈 N1 능시문법

# 001-030

001 **～いかん** ~여하, ~여부

002 **～いかんによらず** ~여하에 관계없이

**～いかんにかかわらず** ~여하에 관계없이

**～いかんを問(と)わず** ~여하를 불문하고

003 **～かねる** ~하기 어렵다, ~할 수 없다

004 **～きらいがある** ~경향이 있다

005 **～極(きわ)まる・～極(きわ)まりない** ~하기 짝이 없다

006 **～たが最後(さいご)** ~하면, 한번 ~했다 하면

007 **～だけあって・～だけに**
~인 만큼 (당연히), ~이기 때문에 (역시)

008 **～たところで** ~해 보았자, ~한들

009 **～てからというもの** ~하고 나서, ~한 이래로

010 **～とあって** ~라서, ~이기 때문에

011 **～といったらない** 매우 ~하다

012 **～と思(おも)いきや** ~라고 생각했더니(뜻밖에도)

013 **～とはいえ** ~라고는 해도

014 **～とは限(かぎ)らない** ~라고는 (단정)할 수 없다

015 **～ともなると・～ともなれば** ~라도 되면

016 **～ないまでも** ~까지는 아닐지라도

017 **～ながらも** ~인데도, ~하면서도

018 **～なくして(は)** ~없이(는)

019 **～なしに(は)** ~없이(는), ~을 하지 않고(는)

020 **～にいたる / ～にいたって**
~에 이르다 / ~에 이르러서

021 **～にひきかえ** ~과는 달리, ~과는 대조적으로

022 **～はおろか** ~은커녕, ~은 물론

023 **～ばこそ** ~때문에, ~이기에

024 **～までもない** ~할 필요도 없다

025 **～ものなら** ①~라도 하게 되면, ~했다가는
②~할 수만 있다면

026 **～ゆえ(に) / ～ゆえの**
~때문에, ~이기에 / ~때문에 겪는, ~인 이유로

027 **～(よ)うにも～(でき)ない**
~하려고 해도 ~할 수 없다

028 **～をおいて** ~외에, ~를 제외하고

029 **～をよそに** ~을 개의치 않고

030 **～んばかりに / ～んばかりの**
~할 듯이 / ~할 듯한

MEMO

## 001

### ～いかん ▶ ～여하, ～여부

접속 명사+(の)+いかん

의미 앞의 내용에 따라 뒤의 내용이 성립된다는 의미를 나타내며, 이때 앞의 내용은 중요한 조건을 나타낸다.

- 成績(せいせき)の向上(こうじょう)は本人のやる気(き)いかんによる。
- 明日の天候(てんこう)いかんによっては、山登(やまのぼ)りは中止(ちゅうし)になるかもしれない。
- 我(わ)が社(しゃ)の発展(はってん)は君たちの努力(どりょく)のいかんにかかっている。

## 002

### ～いかんによらず / ～いかんにかかわらず / ～いかんを問(と)わず

▶ ～여하에 관계없이/～여하에 관계없이/～여하를 불문하고

접속 명사+(の)+いかんによらず/いかんにかかわらず/いかんを問わず

의미 앞에 제시되는 내용에 관계없이 뒤의 내용이 성립한다는 의미를 나타낸다.

- 納入(のうにゅう)された手数料(てすうりょう)は事情の如何(いかん)によらず返還(へんかん)しません。
- 選挙(せんきょ)結果のいかんにかかわらず、消費税(しょうひぜい)は8％上がるでしょう。
- 理由のいかんを問(と)わず無断欠席(むだんけっせき)は許(ゆる)されません。

MEMO

## 003

### ～かねる ▶ ～하기 어렵다, ～할 수 없다

**접속** 동사의 ます형+かねる

**의미** '사정이 있어서 그렇게 하기 곤란하다', '그렇게 하는 것이 불가능하다'는 의미를 나타낸다. 주로 곤란한 내용에 대하여 정중하게 거절하거나 부정하는 경우에 사용한다.

- 彼の意見には賛成(さんせい)しかねます。
- 彼のやっていることはどうも理解しかねる。
- 申(もう)し訳(わけ)ございませんが、予約がいっぱいですのでご希望(きぼう)に応(おう)じかねます。

## 004

### ～きらいがある ▶ ～경향이 있다

**접속** 동사의 사전형＋きらいがある, 명사＋の＋きらいがある

**의미** 바람직하지 않은 부정적인 경향이 있다는 의미를 나타낸다.

- 彼はいつも物事(ものごと)を悪い方に考えるきらいがある。
- 彼は失敗(しっぱい)すると人のせいにするきらいがある。
- 石田(いしだ)社長のやり方は独断(どくだん)のきらいがある。

MEMO

## 005

### ～極(きわ)まる・～極(きわ)まりない ▶ ～하기 짝이 없다, 너무 ～하다

접속 な형용사의 어간+極まる·極まりない

의미 더 이상 없을 정도로 상태가 매우 좋지 않다는 부정적인 느낌을 주로 표현한다.

- 酒を飲んで車を運転(うんてん)するとは危険極(きけんきわ)まりない。
- あの人の言うことは不愉快(ふゆかい)きわまりない。
- 電車の中で、携帯(けいたい)電話を使い続けるなんて迷惑(めいわく)極まる行為(こうい)だ。

## 006

### ～たが最後(さいご) ▶ ～하면, 한번 ～했다 하면

접속 동사의 た형+が最後

의미 일단 그런 상황이 되면, 반드시 부정적인 상황이 지속된다는 의미를 강조하여 나타낸다. た형 뒤에 붙는다는 것을 꼭 기억해 두도록 한다.

- 信用(しんよう)は一度なくしたが最後(さいご)、取(と)り戻(もど)すのはなかなか難しい。
- 彼にお金を貸(か)したが最後、絶対返(かえ)してくれない。
- このチャンスは一度逃(のが)したが最後、二度と戻(もど)らないかもしれない。

참고

**～たら最後(さいご) ～하면, 한번 ～했다 하면**

「～たが最後」는 「～たら最後」로 표현하는 경우도 있다.

예 どんな秘密(ひみつ)でも、彼女に話したら最後、会社中(じゅう)に広(ひろ)がってしまう。
어떤 비밀이든 그녀에게 이야기했다 하면, 회사 전체에 (소문이) 퍼져 버린다.

MEMO

## 007

### ～だけあって・～だけに ▶ ～인 만큼(당연히), ～이기 때문에(역시)

**접속** 동사・い형용사・な형용사의 명사수식형＋だけあって・だけに,
명사＋だけあって・だけに

**의미** 어떠한 이유가 있어서 당연히 그러하다는 느낌을 강조한다.

・有名な観光地(かんこうち)だけあって、山からの眺(なが)めはすばらしかった。

・彼は子どものときアメリカで育(そだ)っただけあって、英語の発音(はつおん)がいい。

・彼は生徒(せいと)会長だけに、みんなに信頼(しんらい)されている。

**참고**

'～라서 보통의 경우보다 더욱'이라는 의미를 나타내는 용법도 있다.

예 休日(きゅうじつ)も休まず一生懸命(いっしょうけんめい)がんばっただけに、計画(けいかく)の失敗のショックは大きかった。
휴일도 쉬지 않고 열심히 노력했으니 만큼, 계획 실패의 충격은 컸다. (～했으니 만큼 더욱)

## 008

### ～たところで ▶ ～해 보았자, ～한들

**접속** 동사의 た형＋ところで

**의미** 가정한 내용이 무의미하다는 의미를 나타내는데, 특별히 접속에 주의하도록 한다.

・いくら急(いそ)いだところで始発(しはつ)の電車にはもう間(ま)に合(あ)わない。

・今更(いまさら)謝(あやま)ってもらったところで絶対に許(ゆる)すつもりはない。

・事故(じこ)を起(お)こしてから後悔(こうかい)したところで、今更しようがない。

MEMO

## 009

### ～てからというもの ▶ ～하고 나서, ～한 이래로

**접속** 동사의 て형+からというもの

**의미** 어떤 상태가 된 이후로, 이전과는 다른 어떤 변화가 오랫동안 계속된다는 의미를 나타낸다.

- 病気(びょうき)をしてからというもの、彼はすっかり気が弱くなった。
- 梅雨(つゆ)入(い)りしてからというもの、雨降(あめふ)りの日が続いている。
- 会社のコンピューターが新しくなってからというもの、仕事(しごと)の能率(のうりつ)が上(あ)がった。

## 010

### ～とあって ▶ ～라서, ～이기 때문에

**접속** 동사·い형용사·な형용사·명사의 보통형+とあって
(다만, な형용사와 명사의 「だ」는 붙지 않는 경우가 많다)

**의미** '～이기 때문에 ～하다'라는 관찰 등을 말하고 싶을 때 쓴다.

- 年末(ねんまつ)セールとあって店内(てんない)は買い物客(きゃく)でにぎわっていた。
- 日曜日で天気もいいとあって遊園地(ゆうえんち)はどこも人であふれていた。
- 大勢(おおぜい)の前で発表(はっぴょう)するとあって、彼女はひどく緊張(きんちょう)していた。

## 01-10 연습문제 ❶

**問題　次の文の（　　）に入れるのに最もよいものを、1・2・3・4から一つ選びなさい。**

**01** 田中(たなか)さんは、さすが学生時代にやっていた（　　）今でもテニスが上手だ。
1 ばかりか　2 だけあって　3 にしては　4 きっかけで

**02** この店は洋食と和食(わしょく)の両方が楽しめる（　　）、お得意(とくい)さんが多い。
1 とあって　2 からして　3 にあって　4 にしては

**03** 学業(がくぎょう)成績（　　）、奨学金(しょうがくきん)の支給(しきゅう)を打ち切ることもある。
1 のきわみで　2 といえども　3 のいかんでは　4 ときたら

**04** 彼女は話し好(ず)きで、一度話しはじめた（　　）、止まらなくなる。
1 が早いか　2 いかんでは　3 次第では　4 が最後

**05** 人にぶつかっておいて謝(あやま)りもしないなんて、失礼（　　）。
1 極まりない　2 に越したことはない
3 でならない　4 ではいられない

**06** あの人は昔から他人の考えを無視する（　　）。
1 きらいになる　2 きらいがある　3 きらいである　4 きらいとなる

**07** 今から（　　）、開演(かいえん)には間に合わないでしょう。
1 出発したからか　2 出発したところ　3 出発したのに　4 出発したところで

**08** 会社の中でのメールは内容のいかんを（　　）外へ転送(てんそう)してはいけません。
1 とわず　2 よらず　3 よそに　4 よって

**09** 契約(けいやく)条件の変更について先方から説明を受けたが、私はどうも納得(なっとく)（　　）。
1 しうる　2 しかねる　3 しきれる　4 したがる

**10** 話題のドラマを見てから（　　）すっかり主演女優(じょゆう)のファンになってしまった。
1 というほど　2 というもの　3 とばかりに　4 ともなると

**問題　次の文の（　　　）に入れるのに最もよいものを、1・2・3・4から一つ選びなさい。**

01 今回の決定が正しいかどうかは、まだ結果が出ていない現時点では（　　　）。

1 判断したがる　2 判断しかねる　3 判断しきれる　4 判断しすぎない

02 周辺(しゅうへん)の住民がいくら反対した（　　　）、動(うご)きだした開発計画は止まらないだろう。

1 かぎりで　2 ところで　3 もので　4 ようで

03 がんばったら勝てる相手だった（　　　）、試合の結果に悔(くや)しい気持ちでいっぱいだ。

1 だけに　2 ばかりでなく　3 ほどで　4 わけではなく

04 手巻(てま)き時計を（　　　）、時計を眺めるのが好きになった。

1 購入しないにせよ　2 購入したかと思うと

3 購入してからでないと　4 購入してからというもの

05 人がおおぜい通る道なのに、信号がないのは危険（　　　）。

1 極める　2 極めない　3 極まりない　4 極まっている

06 退職(たいしょく)した（　　　）、かつての仕事仲間(なかま)は誰も訪ねてこなくなる。

1 ものなら　2 わけだと　3 が最後　4 まもなく

07 3人の人気女優(じょゆう)がそろう（　　　）、会場には100人以上の報道陣(ほうどうじん)が詰(つ)めかけた。

1 とすると　2 とされても　3 とあって　4 とあっても

08 一人で勉強すると怠(なま)ける（　　　）ので大勢(おおぜい)でしたい。

1 きざしがある　2 きらいがある　3 つもりである　4 べきである

09 山登(やまのぼ)りは体にいいと言うのだが、本人の健康(けんこう)状態のいかん（　　　）、危険な事故に遭(あ)いかねないので注意が必要だ。

1 というより　2 ともなると　3 によっては　4 をよそに

10 商品到着(とうちゃく)より8日間を過ぎた後での返品(へんぴん)・交換(こうかん)は理由（　　　）応(おう)じられませんので、ご注意下さい。

1 というより　2 のしだいで　3 にしたがって　4 のいかんによらず

## 연습문제 ③

**問題　次の文の（　　　）に入れるのに最もよいものを、1・2・3・4から一つ選びなさい。**

**01** 大変申し訳ありませんが、当社としてはお客さまのご要望(ようぼう)には（　　　）。

1 お答えしきれます　2 お答えしかねます　3 お答えしえます　4 お答えされます

**02** 事情の（　　　）を問わず、提出期限(ていしゅつきげん)に遅れた卒業論文は受け付けない。

1 いかん　2 しまつ　3 ゆえ　4 すききらい

**03** 不景気に（　　　）、ブランド品(ひん)の売(う)り上(あ)げが大幅(おおはば)に落ち込んでいる。

1 なったところで　2 なったかと思うと
3 なってからでなければ　4 なってからというもの

**04** 彼は他人を見かけだけで判断(はんだん)する（　　　）がある。

1 かぎり　2 しまつ　3 きらい　4 しだい

**05** 何を言った（　　　）、彼は耳を貸(か)さないだろう。

1 ところで　2 ところでも　3 とは　4 もので

**06** 今年度の業績(ぎょうせき)（　　　）、この会社は倒産(とうさん)しかねない。

1 いかんで　2 いかに　3 のしだいで　4 しだいに

**07** うちの息子ときたら遊びに出たが（　　　）、暗くなるまで戻ってこない。

1 しまつ　2 しまい　3 最後　4 終わり

**08** イギリスの人気サッカーチームが来日すると（　　　）、空港にサッカーファンが殺到(さっとう)した。

1 して　2 いっては　3 すると　4 あって

**09** 女の人にはおもしろくても、僕には退屈（　　　）話だ。

1 極めて　2 極める　3 極まって　4 極まる

**10** このレストランは新鮮な野菜を使った料理が評判だ。有機栽培(ゆきさいばい)の農家から直接送って（　　　）、健康志向のお客さんで常(つね)ににぎわっている。

1 もらっているにすぎず　2 もらったからには
3 もらっているだけあって　4 もらっていたところ

MEMO

## 011

### ~といったらない ▶ 매우 ~하다

**접속** 동사·い형용사의 사전형/な형용사의 어간·명사+といったらない

**의미** 말로 표현할 수 없을 정도로 정도가 매우 심하다는 의미를 나타낸다. 「~といったらない, ~といったらありはしない, ~といったらありゃしない, ~ったらない」 등의 변형이 있다. 특히, 「~といったらありゃしない」는 회화체에서 사용하며, 부정적인 뉘앙스를 나타낸다.

- みんなの前でミスを指摘(してき)されて、恥(は)ずかしいといったらなかった。
- 自分の企画(きかく)が受け入れられたときの喜(よろこ)びといったらなかった。
- 彼の無責任(むせきにん)な態度(たいど)に腹(はら)が立つといったらありゃしない。

## 012

### ~と思(おも)いきや ▶ ~라고 생각했더니(뜻밖에도)

**접속** 동사·い형용사·な형용사·명사의 보통형+と思いきや
(다만, な형용사와 명사의 「だ」는 붙지 않는 경우가 많다)

**의미** 주로 문장에서 사용하는 표현으로, 뒤에는 생각했던 것과는 다른 뜻밖의 결과가 오는 경우가 많다.

- 商談(しょうだん)がうまくいって契約(けいやく)できると思いきや、直前(ちょくぜん)にだめになった。
- 大学入試(にゅうし)はさぞ難しいだろうと思いきや、意外(いがい)にやさしかった。
- 薬(くすり)のおかげで風邪が治(なお)ったと思いきや、今度はお腹(なか)が痛くなった。

MEMO

## 013

## ～とはいえ ▶ ～라고는 해도

접속 동사·い형용사·な형용사·명사의 보통형＋とはいえ
(다만, な형용사와 명사의 「だ」는 붙지 않는 경우가 많다)

의미 역접표현의 하나로, 앞에 말한 내용과 반대가 되거나 예외적인 내용이 뒤따른다. 「～といっても」와 거의 같은 의미이지만 「～とはいえ」 쪽이 더 딱딱한 표현이다.

- 仕事が忙しいとはいえ、休暇(きゅうか)を取れないほどではない。
- 日々(ひび)の練習が大切(たいせつ)とはいえ、毎日続けるのは難しい。
- ただの風邪とはいえ、無理をすると大変(たいへん)なことになるかもしれません。

## 014

## ～とは限(かぎ)らない ▶ ～라고는 (단정)할 수 없다

접속 보통형＋とは限らない

의미 동사 限(かぎ)る의 응용표현으로, 반드시 그렇다고는 말할 수 없다는 예외적인 상황을 나타내는 표현이다.

- 値段(ねだん)が高いからといって質(しつ)がいいとは限(かぎ)らない。
- 実力(じつりょく)のあるチームがいつも勝(か)つとは限らない。
- お金がたくさんあるからといって幸(しあわ)せだとは限らない。

MEMO

## 015

### ～ともなると・～ともなれば ▶ ~라도 되면, ~쯤 되면

접속 명사+ともなると·ともなれば

의미 어떠한 특별한 상황이나 입장이 되는 경우를 강조하여 나타내는 표현이다. 「～ともなると」 대신에 「～ともなれば」를 쓰는 경우도 있다.

- 上級(じょうきゅう)クラスともなると、習う漢字もかなり難しいという。
- 一流(いちりゅう)の選手(せんしゅ)ともなると、さすがに実力が違うようだ。
- 大会社(だいがいしゃ)の社長ともなれば、忙しくてゆっくり家族旅行などしてはいられないだろう。

## 016

### ～ないまでも ▶ ~까지는 아닐지라도, ~까지는 하지 않더라도

접속 동사의 ない형+ないまでも

의미 「～ないまでも」 앞에 오는 정도의 내용은 아니더라도, 그에 가까운 것을 희망하거나 생각할 때에 사용한다.

- 彼女の作品は最高(さいこう)の出来(でき)とはいえないまでもかなりの腕前(うでまえ)だ。
- 大成功はしないまでも、自分の好きなことをして生(い)きていきたい。
- 今日の試合(しあい)は完璧(かんぺき)とは言えないまでも、ミスの少ない試合だった。

MEMO

## 017

### ～ながらも ▶ ～인데도, ～하면서도

접속 동사의 ます형/い형용사의 기본형/な형용사의 어간·명사+ながらも

의미 앞에 제시된 내용과 뒤에 제시된 내용이 서로 모순되는 관계에 있다는 의미를 나타낸다. 「～にもかかわらず」처럼 역접의 의미를 강조하여 나타낸다.

- 小さいながらも一戸建て(いっこだ)の家が買えてうれしい。
- このツアーでは短期間ながらも充実(じゅうじつ)した現地(げんち)生活を体験(たいけん)できます。
- 彼女はお金がないとはいいながらも、ブランド品(ひん)ばかり買っている。

## 018

### ～なくして(は) ▶ ～없이(는)

접속 명사+なくして(は)

의미 조건표현 중의 하나로, 그것이 없으면 뒤에 오는 일이 성립할 수 없다는 의미를 나타낸다. 문장체적인 느낌이 강한 표현이다.

- 中山(なかやま)選手の活躍(かつやく)なくしてチームの優勝(ゆうしょう)はありえない。
- 田中先生の指導(しどう)なくして、この論文は完成(かんせい)できなかっただろう。
- 努力(どりょく)なくしては成功は難しい。

MEMO

## 019

### ～なしに(は) ▶ ～없이(는), ～을 하지 않고(는)

접속 명사+なしに(は)

의미 조건표현중의 하나로, 앞에 오는 내용이 없으면 뒤의 내용이 불가능하거나 곤란하다는 부정적인 의미를 표현한다. 「～なくして(は)」와 같은 의미를 나타낸다.

- 子供は親(おや)の愛情(あいじょう)なしには育(そだ)たない。
- この部屋には利用カードなしには入(はい)れない。
- 一年中(いちねんじゅう)休みなしに働(はたら)くと病気になってしまうよ。

## 020

### ～にいたる / ～にいたって ▶ ～에 이르다 / ～에 이르러서

접속 동사의 사전형·명사+にいたる/にいたって

의미 극단적인 예를 제시하여 강조하는 표현으로, 성과나 결과, 결론 등의 표현이 뒤따른다. 응용표현에 「～にいたるまで(～에 이르기까지)」가 있다.

- 彼は長年(ながねん)努力(どりょく)を重(かさ)ね、ついに今日の受賞(じゅしょう)にいたった。
- 経営者側(がわ)は工場閉鎖(へいさ)にいたった責任を認(みと)めて謝罪(しゃざい)すべきだ。
- 自動車会社はマスコミで騒(さわ)がれるにいたってようやく車の欠陥(けっかん)を認めた。

## 연습문제 ④

**問題　次の文の（　　　）に入れるのに最もよいものを、1・2・3・4から一つ選びなさい。**

01 梅雨が明けて暑くなった（　　　）、朝夕は涼しくて少し寒いくらいだ。

1 からには　2 としたら　3 とはいえ　4 こともあって

02 河川敷にあるこのバーベキュー広場はとても人気があり、週末（　　　）大勢の利用客で賑わう。

1 につき　2 ともなれば　3 をもって　4 を限りに

03 彼はさまざまな苦難に（　　　）、諦めることなく初志を貫いた。

1 あいながらも　2 あったとたんに　3 あうともなると　4 あったうえに

04 相手のことを理解しようとする思いやり（　　　）、人間関係は成り立たない。

1 があってこそ　2 にあるとはいえ　3 なくしては　4 こそないまでも

05 大学の受験は大変だったけれど、合格したときのうれしさ（　　　）。

1 はありえなかった　2 にすぎなかった
3 といったらなかった　4 ほどのことではなかった

06 医者だからといって、必ずしも自分の健康に気をつけている（　　　）。

1 はずである　2 に違いない　3 といえなくもない　4 とはかぎらない

07 私はコーヒーが好きで、コーヒー（　　　）一日が始まらない。

1 なくても　2 ないから　3 ないのに　4 なしには

08 アメリカに5年も住んでいたと聞いたので、英語がうまいだろうと（　　　）大したことはなかった。

1 思えばこそ　2 思いきや　3 思うなら　4 思ったとあって

09 バス会社は、地域住民に対し、路線が一部廃止（　　　）経緯について説明会を行った。

1 にもまして　2 にいたった　3 にかぎった　4 にわたった

10 親友が事故で入院したという知らせを聞いた。仕事が忙しくて見舞いに行けない（　　　）電話ぐらいはしておこう。

1 うちに　2 かぎり　3 ことには　4 までも

## 연습문제 ⑤

**問題　次の文の（　　　）に入れるのに最もよいものを、1・2・3・4から一つ選びなさい。**

01　連休や夏休み（　　　）、空港は旅行に出かける人々でごった返す。

1 からすると　2 と思いきや　3 ともなれば　4 にせよ

02　試験中に不正行為をすると、退学には（　　　）停学処分は受けるだろう。

1 なるまでもなく　2 ならないまでも　3 なるに及ばず　4 ならないことではなく

03　魅力的な新商品の開発（　　　）会社の成長はありえない。

1 どおりに　2 ならでは　3 に限らず　4 なくして

04　店の前にたくさん人が並んでいたので（　　　）、意外にもすぐに席に案内された。

1 待たされたことと思うが　2 待たされるかと思いきや
3 待たされたかと思えば　4 待たされることと思い

05　仕事（　　　）3カ月も海外出張とは大変だろう。

1 とはいえ　2 にそって　3 とばかりに　4 にそくして

06　この百円ショップでは皿からタオルに（　　　）何でも買えるので便利だ。

1 いたりで　2 いたるまで　3 いたっては　4 いたっても

07　去年の優勝チームと戦うことになった。実力のあるチームがいつも勝つ（　　　）。勝てるようにがんばりたい。

1 のではないか　2 とは限らない　3 ということだ　4 に決まっている

08　今日は雨に降られ、せっかくのスーツは汚れるし、財布は落とすし、会社には遅れるし、ひどい一日といったら（　　　）。

1 ほかない　2 ならない　3 ちがいない　4 ありはしない

09　この会社の発展は優れた技術開発なしには（　　　）。

1 あったにちがいない　2 ありうるのではないだろうか
3 ありえなかっただろう　4 あるわけではない

10　この画家は多くのすばらしい作品を（　　　）、生存中は絵がほとんど売れず、貧しい生活を余儀なくされた。

1 残さんがため　2 残しながらも　3 残すともなれば　4 残そうものなら

## 11-20 연습문제 ❻

**問題　次の文の（　　　）に入れるのに最もよいものを、1・2・3・4から一つ選びなさい。**

01 学校の成績がよかったからといって、社会に出て（　　　）。

1 成功するに相違ない　　2 成功するとは限らない
3 成功するにほかならない　　4 成功するかもしれない

02 新薬の副作用が社会問題化するに（　　　）政府はようやく実態調査に乗り出した。

1 いたって　　2 ひきかえ　　3 わたって　　4 かぎって

03 あのレストランの料理はまずい（　　　）。

1 おそれがある　　2 かぎりだ　　3 といったらない　　4 きわまりない

04 久しぶりの休暇を存分に楽しむと言い（　　　）頭から仕事のことが離れない。

1 にあたり　　2 とおして　　3 ながらも　　4 ながらに

05 あの映画は非常に感動的で、涙（　　　）見られない。

1 なくとも　　2 なくしては　　3 ないまでも　　4 なかろうと

06 お互いの信頼関係（　　　）、どんな仕事もうまくいくはずがない。

1 なしには　　2 ともなると　　3 ともなく　　4 なくて

07 資格を取った（　　　）、こんな不景気ではいい仕事を見つけるのは大変なことだ。

1 とはいえ　　2 からこそ　　3 ともなると　　4 にひきかえ

08 論文の締め切りが迫ってきた。徹夜は（　　　）、睡眠時間を削って論文をまとめなければならない。

1 しないほどで　　2 するに及ばず　　3 しないまでも　　4 しながら

09 ふだんは静かなこの町も、紅葉の季節（　　　）、多くの観光客が訪れ、とてもにぎやかになる。

1 ともすると　　2 ともなると　　3 とはいえ　　4 といっても

10 雑誌に載っている写真を見て、すごくいいレストランかと思いきや、（　　　）。

1 思ったとおりに本当によかった　　2 行ってみてもよさそうだ
3 行ってみたらどうだ　　4 実際はそれほどでもなかった

MEMO

## 021

### ～にひきかえ ▶ ~과는 달리, ~과는 대조적으로

접속 な형용사의 연체형(な)+の+にひきかえ, 명사+にひきかえ

의미 양자를 비교했을 때, 앞에 제시된 내용과는 완전히 다르다는 의미를 나타낸다.

・節約家(せつやくか)の兄にひきかえ、弟は本当に浪費家(ろうひか)だ。

・雨の少なかった去年にひきかえ、今年は雨が多い。

・山田さんの家は母親(ははおや)が子供の教育(きょういく)に熱心(ねっしん)なのにひきかえ、父親(ちちおや)はまったく無関心(むかんしん)だそうだ。

## 022

### ～はおろか ▶ ~은커녕, ~은 물론

접속 명사+はおろか

의미 「AはおろかBも」의 형태로, "A는 말할 것도 없고 B도", "A는 물론이거니와 B도"의 의미를 나타낸다. 놀람이나 비판을 나타내는 표현이 뒤따르는 경우가 많다.

・今大会(こんたいかい)では優勝(ゆうしょう)はおろか入賞(にゅうしょう)も果(は)たせなかった。

・今度の地震(じしん)のために家財(かざい)はおろか家まで失(うしな)ってしまった。

・これ以上環境破壊(はかい)が進むと、動物(どうぶつ)はおろか人も生(い)きていけなくなるおそれがある。

MEMO

## 023

### ～ばこそ ▶ ～때문에, ～이기에

접속 동사의 ば형＋こそ, い형용사의 어간＋ければ＋こそ,
な형용사의 어간·명사＋であれば＋こそ

의미 제시된 조건의 내용을 강조하는 표현이다. 내용상으로는 원인을 강조하는 경우가 많다.

- 温かい家庭(かてい)があればこそ、つらい仕事もがまんできるのだ。
- 忙しければこそ、時間を大切(たいせつ)に使えた気がする。
- 健康(けんこう)であればこそ、毎日が楽しいのだ。

## 024

### ～までもない ▶ ～할 필요도 없다

접속 동사의 사전형＋までもない

의미 너무나 당연해서 그렇게까지 할 필요가 없다는 의미를 나타낸다.

- たばこの健康に対する悪影響(あくえいきょう)は言うまでもない。
- 会場までそれほど遠くないから、タクシーに乗るまでもない。
- 大(たい)した怪我(けが)じゃないんだから、病院に行くまでもない。

MEMO

## 025

## ～ものなら ▶ ①～라도 하게 되면, ～했다가는 ②～할 수만 있다면

「～ものなら」는 동사의 접속 형태에 따라 두 가지의 뜻이 있다.

### 1. ～라도 하게 되면, ～했다가는

접속 동사의 의지형＋ものなら

의미 조건표현의 하나로 , 만약 그렇게 된다면 중대한 결과를 초래할 것이라는 화자의 감정을 나타낸다.

・ちょっとでも間違(まちが)いをしようものなら、上司(じょうし)にひどく怒(おこ)られるだろう。

・彼に本当のことを話そうものなら、大変なことになるだろう。

・少しでも遅刻(ちこく)しようものなら、先生に叱(しか)られる。

### 2. ～할 수만 있다면

접속 동사의 가능형＋ものなら

의미 실현이 어려운 일을 희망할 때 사용하는 표현이다. 「できるものなら(～할 수만 있다면)」이라는 표현으로 기억해두면 좋다.

・子供のころに戻(もど)れるものなら戻りたい。

・今度の連休(れんきゅう)、旅行に行けるものなら行きたいけど、仕事が入ってしまった。

・国の両親(りょうしん)に会いたくて、できるものなら、今すぐにでも飛(と)んでいきたい。

MEMO

## 026

## ～ゆえ(に) / ～ゆえの

▶ ～때문에, ～이기에 / ～때문에 겪는, ～인 이유로

**접속** 동사·い형용사·な형용사의 명사 접속형/명사＋ゆえ(に)/ゆえの
(다만, な형용사는「な」, 명사는「の」가 붙지 않는 경우가 많다)

**의미**「～ゆえ(に)」는「～ので」「～だから」와 같은 원인, 이유를 나타내는 문장체 표현이다. 동사와 い형용사 뒤에는「～がゆえ(に)」라는 형태로 사용되기도 한다. 또한, ゆえ 뒤에 명사가 올 때는「～ゆえ＋の＋명사」의 형태가 되며, '～때문에 겪는, ～인 이유로'와 같이 해석한다.

- 京都(きょうと)は盆地(ぼんち)ゆえに夏は暑く、冬は寒い。
- この町は人口密度(じんこうみつど)が高いがゆえに、火事(かじ)のおそれが強い。
- 失敗を恐(おそ)れるがゆえに行動しなかったり、すぐに諦(あきら)めてはいけない。
- 高橋(たかはし)君は、まじめであるがゆえに融通(ゆうずう)が利(き)かないところがある。
- あの偉大(いだい)な作曲家(さっきょくか)は、天才(てんさい)であるがゆえの苦悩(くのう)もあったという。

MEMO

## 027

### ~(よ)うにも~(でき)ない ▶ ~하려고 해도 ~할 수 없다

접속 동사의 의지형+にも+동사 가능형의 부정

의미 그렇게 할 의향은 있지만, 실제로는 그렇게 할 수 없다는 의미를 나타낸다.

- 疲(つか)れていて、起きようにも起きられなかった。
- 連絡をとろうにも相手(あいて)の電話番号が分からなかった。
- こんなに仕事(しごと)が忙しくては、休(やす)みをとろうにもとれない。

## 028

### ~をおいて ▶ ~외에, ~를 제외하고

접속 명사+をおいて

의미 그것밖에 없다는 의미를 우회적으로 강조하여 나타내는 표현이다. 뒷부분에는 「ない」와 같은 부정적인 표현이 따른다.

- 次の社長にふさわしい人物(じんぶつ)は、彼をおいて、ほかにはいない。
- 彼をおいてこの間題を解決(かいけつ)できる人はいない。
- この町の桜(さくら)の名所(めいしょ)といえば、ここをおいてほかにはないだろう。

MEMO

## 029

### ～をよそに ▶ ～을 개의치 않고, ～에도 아랑곳하지 않고

접속 명사+をよそに

의미 앞 내용을 신경쓰거나 개의치 않고 내버려둔다는 의미를 나타낸다. '무시한다'는 의미로 이해하면 된다.

- 彼は医者の忠告(ちゅうこく)をよそに、偏(かたよ)った食(しょく)生活を続けている。
- 住民(じゅうみん)の反対をよそに、マンションの建設(けんせつ)が進められている。
- 親(おや)の期待をよそに、子供たちは毎日遊んでばかりいる。

## 030

### ～んばかりに / ～んばかりの ▶ ～할 듯이 / ～할 듯한

접속 동사의 ない형+んばかりに/んばかりの

의미 추측(양태)의 조동사 「そうだ」에 가까운 표현이다. 실제로 그런 동작을 하지는 않았지만, 뒤에 오는 내용으로 그러한 분위기나 상황을 알 수 있을 때에 사용한다.

- 息子(むすこ)は大学の合格通知(ごうかくつうち)を受け取って泣(な)き出(だ)さんばかりに喜(よろこ)んだ。
- 彼は、自分には責任(せきにん)はないと言わんばかりの態度(たいど)だった。
- 彼は私をまるでどろぼうと言わんばかりに非難(ひなん)した。

## 21-30 연습문제 ⑦

**問題　次の文の（　　）に入れるのに最もよいものを、1・2・3・4から一つ選びなさい。**

**01** この仕事ができるのは、君（　　）。

1 といったらありゃしない　　2 にかたくない
3 をおいていない　　4 でなくてなんだろう

**02** スケジュールがつまっているが、姉が結婚するので、国に（　　）帰りたい。

1 帰るにとどまらず　　2 帰れるものなら　　3 帰るにしても　　4 帰るのにひきかえ

**03** 親があれこれ言うのはあなたの将来(しょうらい)を心配して（　　）こそだ。

1 いれば　　2 いたら　　3 いるなら　　4 いたなら

**04** 母親が有名な歌手である（　　）、彼女は大きなプレッシャーに苦(くる)しんできた。

1 かというと　　2 といえば　　3 がゆえに　　4 ように

**05** ひどい風邪(かぜ)で運動（　　）、歩くことすら大変だ。

1 にかまけて　　2 といえども　　3 はおろか　　4 をふまえて

**06** 学生である以上、勉学(べんがく)が最優先(さいゆうせん)だなどと、今さら言う（　　）ことだ。

1 きらいがある　　2 までもない　　3 よりほかない　　4 必要がある

**07** 住民の不安が広がるの（　　）原発(げんぱつ)の建設工事はどんどん進められている。

1 はもとより　　2 はやはり　　3 をよそに　　4 をかぎりに

**08** 来客があって客の相手をしなければならず、出かけようにも（　　）。

1 出かけられなかった　　2 出かけなかった
3 出かけて行った　　4 出かけずにいた

**09** 今回のオリンピックでは、日本の女性ががんばったの（　　）、男性はあまりいい成績を残せなかった。

1 にひきかえ　　2 をぬきには　　3 はもとより　　4 をものともせずに

**10** 台風が接近(せっきん)しており、人々は激(はげ)しい風の中を、（　　）なりながら家路(いえじ)を急(いそ)いでいる。

1 飛ばさなかったばかりに　　2 飛ばされんばかりに
3 飛ばしたばかりに　　4 飛ばされたとばかりに

## 21-30 연습문제 ⑧

**問題　次の文の（　　）に入れるのに最もよいものを、1・2・3・4から一つ選びなさい。**

**01** 手術がもう少し（　　）ものなら、大変なことになるだろう。

1 遅れる　　2 遅れた　　3 遅れよう　　4 遅れん

**02** 多くの子供たちが、貧(まず)しい（　　）教育を受けられないでいる。

1 となれば　　2 のみで　　3 がゆえに　　4 ながらも

**03** 娘は家の手伝い（　　）自分の部屋の掃除(そうじ)さえしない。

1 はおろか　　2 までも　　3 をとわず　　4 をおいて

**04** 皆様のご協力(きょうりょく)が（　　）こそ、この計画は成功すると思っております。

1 あったら　　2 あれば　　3 なければ　　4 なしで

**05** 雨が降っているが、両手に荷物(にもつ)を持っているので、傘(かさ)を（　　）させない。

1 さそうにも　　2 さしたとて　　3 さしつつも　　4 さそうものなら

**06** あの子は親の心配を（　　）悪い仲間(なかま)との付き合いをやめようとしない。

1 ほかに　　2 そとに　　3 もとに　　4 よそに

**07** 彼は（　　）の勢(いきお)いでドアをたたいた。

1 壊せばこそ　　2 壊すべく　　3 壊さんばかり　　4 壊さんがため

**08** こんな難しい曲を繊細(せんさい)かつパワーフルに歌えるのは、あの歌手を（　　）他にいるだろうか。

1 いわず　　2 おいて　　3 とわず　　4 よそに

**09** それなら時間をかけてわざわざ買いに（　　）よ。電話で注文すればすぐ届(とど)くんだから。

1 行かざるをえない　　2 行くまでもない　　3 行くより仕方がない　　4 行くしかない

**10** 若いころは山登(やまのぼ)りをしてもなんともなかった。それ（　　）最近は少し登っただけで疲(つか)れてしまう。

1 にひきかえ　　2 はもとより　　3 をふまえて　　4 をよそに

## 연습문제 ⑨

**問題　次の文の（　　）に入れるのに最もよいものを、1・2・3・4から一つ選びなさい。**

01 日本で勉強が続けられるのも、両親の理解が（　　）こそだ。

1 なければ　2 なかったら　3 あったら　4 あれば

02 そんなことは常識だ。わざわざあなたに説明してもらう（　　）。

1 しかない　2 はずがない　3 ほどもない　4 までもない

03 もうすぐ結婚する弟（　　）、僕はガールフレンドもいない。

1 とあいまって　2 にこたえて　3 にひきかえ　4 をひかえて

04 彼は酒に弱く、ウイスキー（　　）ビールを一口飲んだだけでも顔が真っ赤になる。

1 からして　2 といえども　3 はおろか　4 をとわず

05 健康問題への懸念（　　）若者の喫煙は一向に減らない。

1 をもとに　2 をよそに　3 におうじて　4 はもとより

06 彼は責任はお前にあると（　　）私をにらみつけた。

1 言うべからざる　2 言いがてら　3 言わんばかりに　4 言うまじき

07 友達との約束があるので早く帰りたいが、上司がまだ働いているから（　　）。

1 帰ろうにも帰れない　2 帰ろうが帰れない

3 帰ろうと帰れない　4 帰りたくて帰れない

08 あの人は部下がちょっとしたミスでもしよう（　　）、すぐ額に青筋を立てて怒り出す。

1 ものを　2 ものなら　3 もので　4 ものだから

09 入社した年は新人であるが（　　）緊張していたし、その次の年は他人にかまっている余裕などないくらい仕事が忙しかった。

1 ゆえに　2 ために　3 ばかりに　4 ごとく

10 5年足らずの創作活動でこれだけの作品を残したのは、文学史の中でも、彼女（　　）ほかにはいないだろう。

1 を限りに　2 をおいて　3 を問わず　4 をかわきりに

# 총정리문제 ①

**問題 1 次の文の（　　　）に入れるのに最もよいものを、1・2・3・4から一つ選びなさい。**

1 年末（　　　）、忘年会、パーティーの誘いが多くなる。

1 といえども　2 ときたら　3 とはいうものの　4 ともなると

2 今日は家に財布を忘れてきたので、買い物を（　　　）できない。

1 しようと　2 しようにも　3 しようが　4 しつつも

3 事態が悪化する前に対策を講じるべきだったのに、ことここにいたっては（　　　）。

1 どうにかなるだろう　2 どうってことはない

3 どうすることもできない　4 どうやら目途がついたようだ

4 不景気になれば、会社は賃金カットは（　　　）、リストラだって平気でする。

1 あげく　2 おろか　3 かぎらず　4 いたり

5 人は年をとると、他人の忠告に耳を貸さなくなる（　　　）。

1 きらいがある　2 しだいがある　3 つもりがある　4 きっかけがある

6 彼は学生時代、京都に住んでいた（　　　）、さすがにこの地域のことをよく知っている。

1 からには　2 ところ　3 だけあって　4 とは

7 若いが（　　　）甘く見られまいという思いで頑張ってきた。

1 くせに　2 ように　3 のみに　4 ゆえに

8 トヨタをはじめとした自動車産業（　　　）、世界第三位の経済大国という今の日本はありえなかっただろう。

1 ないにしろ　2 なしには　3 ないので　4 なくとも

9 今にも雨が（　　　）ばかりの空模様の中、予定通り試合が行われた。

1 降り出す　2 降り出さ　3 降り出さん　4 降り出した

10 土地の値段が下がった（　　　）、都心に家を買うのはやはり難しい。

1 とはいえ　2 とあって　3 ことゆえ　4 だけあって

11 今までの成績からすると、彼の優勝は間違いないと（　　　）、決勝進出に失敗してしまった。

1 思いきや　2 思ったが最後　3 思うがまま　4 思えばこそ

12 こんなに波が荒いのに釣りをする人がいるなんて、危険（　　　）。

1 きわまらない　2 きわまりない　3 きわまっている　4 きわめない

13 先週の（　　　）なかったよ。食事をする時間もろくにとれなかったんだから。

1 忙しくては　2 忙しさといったら　3 忙しいというのに　4 忙しいしか

14 今回発売された携帯はシンプル（　　　）上品なデザインに仕上がっている。

1 からでも　2 とあれば　3 ながらも　4 までも

15 坂口さんの協力があれば（　　　）、計画が順調に進んだのだ。

1 すら　2 しか　3 こそ　4 だけ

16 今度の試合の勝利（　　　）、我がチームの決勝進出はありえない。

1 ならでは　2 なくしては　3 なくとも　4 にかぎらず

17 相手の対応いかん（　　　）、裁判を起こすことになるかもしれない。

1 によっては　2 ならでは　3 をものともせず　4 にもまして

18 （会議で）

発表者：「需要の減少や原料の値上がりなどにより、この製品の売り上げは停滞しています。当分販売実績の伸びは期待（　　　）というのが本当のところです。」

1 しうる　2 しつくす　3 しきれる　4 しかねる

19 抽選結果は、結果（　　　）、申込み締切り後、メールもしくははがきでご連絡させていただきます。

1 にひきかえ
2 のいかんにかかわらず
3 というもの
4 をものともせず

20 この分野において次代を担う製品を開発できるのは技術力のあるM社をおいて（　　　）。

1 何社かある　　2 一社だけある　　3 他にはない　　4 競い合っている

**問題２ 次の文の ＿★＿ に入る最もよいものを１・２・３・４から一つ選びなさい。**

21 オリンピックともなると緊張して自分の実力を発揮できない ＿＿＿ ＿＿＿ ＿★＿ ＿＿＿ よそに一人独走状態である。

1 彼女は　　2 選手も多いが　　3 選手を　　4 ほかの

22 ほとんど勉強せず怠けていたのだから、試験の前日に ＿＿＿ ＿★＿ ＿＿＿ ＿＿＿ にきまっている。

1 合格できない　　2 徹夜して　　3 勉強した　　4 ところで

23 わが校のサッカーチームが県大会で優勝した。コツコツと練習に ＿＿＿ ＿＿＿ ＿★＿ ＿＿＿ 今回の優勝は本当にうれしい限りだ。

1 だけに　　2 知っている　　3 取り組んでいる　　4 姿を

24 過密問題を抱えている ＿＿＿ ＿★＿ ＿＿＿ ＿＿＿ 過疎化に悩んでいる。

1 田舎では　　2 ばかりで　　3 人口が減る　　4 都会にひきかえ

25 彼はこの計画には ＿＿＿ ＿★＿ ＿＿＿ ＿＿＿ 支援を惜しまなかった。

1 ことを　　2 伴う　　3 承知しながらも　　4 かなりのリスクが

26 普段(ふだん)は ＿＿＿ ＿★＿ ＿＿＿ ＿＿＿ なんと言っても聞き入れなくなる。

1 一度怒(おこ)り出(だ)したが　2 だれが
3 穏(おだ)やかな彼だが　4 最後

27 父は手術(しゅじゅつ)をしてから ＿＿＿ ＿★＿ ＿＿＿ ＿＿＿ あり、人と食事するのを好まない。

1 食べるものが　2 せいも　3 限られている　4 というもの

28 昨年、オープンしたばかりの青空市場(いちば)は、地元(じもと)で ＿＿＿ ＿＿＿ ＿★＿ ＿＿＿ 大評判(だいひょうばん)である。

1 果物(くだもの)や野菜が　2 とれた　3 あって　4 新鮮で安いと

29 海外のホテルを予約するとき、＿＿＿ ＿★＿ ＿＿＿ ＿＿＿ という大問題になりかねない。

1 宿泊(しゅくはく)できなくなってしまう　2 間違えよう
3 ものなら　4 名前のスペルを

30 授業で ＿＿＿ ＿＿＿ ＿★＿ ＿＿＿ 前回習ったことぐらいは覚えていてほしいものだ。

1 せめて　2 言わないまでも　3 全部とは　4 習ったことは

31 景気が ＿＿＿ ＿＿＿ ＿★＿ ＿＿＿ われわれの生活に大きな変化はない。

1 依然(いぜん)として　2 回復し　3 とはいえ　4 つつある

32 彼は通勤(つうきん)途中に事故に遭(あ)い、＿＿＿ ＿＿＿ ＿★＿ ＿＿＿ できないという。

1 起き上がる　2 おろか　3 ことすら　4 歩くことは

33 先進国における ＿＿＿ ＿★＿ ＿＿＿ ＿＿＿ 途上国(とじょうこく)においては貧困(ひんこん)が環境(かんきょう)問題の大きな原因となっている。

1 環境破壊(はかい)とは　2 豊(ゆた)かさ　3 ゆえの　4 異(こと)なり

34 公共部門に市場原理を導入するために競争入札が活用されているが、談合こそ ＿＿＿ ＿＿＿ ＿★＿ ＿＿＿ までもないだろう。

1 改めて
2 ことは
3 最大の阻害要因である
4 強調する

35 たった一度しかオリンピックに出場していないにもかかわらず、今も高く ＿＿＿ ＿＿＿ ＿★＿ ＿＿＿ いないと思う。

1 評価されている　2 彼をおいて　3 選手は　4 ほかには

36 ほしい情報というのは人によっても目的によっても違う。ある人に ＿＿＿ ＿★＿ ＿＿＿ ＿＿＿ 限らないのだ。

1 他の人にとっては
2 情報であっても
3 有益な
4 有益とは

37 映画の最中に、客席で携帯電話を使って ＿＿＿ ＿＿＿ ＿★＿ ＿＿＿ とは驚きだ。

1 非常識　2 通話する　3 人間がいる　4 極まる

38 彼は ＿＿＿ ＿★＿ ＿＿＿ ＿＿＿ ことに気がついた。

1 詐欺にあった　2 全財産を失う　3 やっと　4 にいたって

39 戦後日本の食料自給率は ＿＿＿ ＿＿＿ ＿★＿ ＿＿＿ 満足に食べられなくなっている。

1 どんどん　2 農産物の輸入　3 なくしては　4 さがり

40 一流ホテルでのパーティー ＿＿＿ ＿★＿ ＿＿＿ ＿＿＿ わけにはいかないだろう。

1 気を使わない　2 服装にも　3 なれば　4 とも

**問題 3 次の文章を読んで、文章全体の趣旨を踏まえて、 41 から 50 の中に入る最もよいものを、1・2・3・4から一つ選びなさい。**

ある土曜の午後、公園で休んでいると、少年サッカーチームが練習していた。休憩(きゅうけい)時間になり、子供たちが私のそばの水飲み場まで一斉(いっせい)に駆(か)け寄(よ)ってきた。そして先を 41 水を飲むのかと思いきや、子供たちは整然(せいぜん)と列を作り、どの子も順番が来ると、蛇口(じゃぐち)に手を添(そ)えて飲んでいた。子供でもこんなに規律(きりつ)正しい行動がとれるのかと驚いた。きっとコーチが、サッカーを通して社会のルールを教えているのだろう。スポーツの 42 、社会のマナーまでも自然に教えることのできる指導者が増えてほしいと思っている。

41

1 争(あらそ)ったばかりに
2 争(あらそ)わんばかりにして
3 争(あらそ)わんがために
4 争(あらそ)うべからざる

42

1 技術をおいて
2 技術にひきかえ
3 技術だけでなく
4 技術なくして

「うちは子どもが3人だから社会に貢献している」。「私は独身だから足を引っ張っている」。少子化問題が取りざたされるように 43 、冗談交じりとはいえ、こんな会話が普通にされるようになった。こうした風潮には、何となく怖さも感じる。

少子化問題で、まず指摘しなければならないことは、政府の見通しの甘さだ。日本の人口減少も予測より早く始まっているというのに。

政府はこれまで、少子化対策として、児童手当などの経済支援 44 、仕事と育児の両立支援など子育て環境を整備するために様々な手立てを講じてきた。ただ、いくら支援を充実 45 、少子化、さらには、人口減少という今の流れを、すぐに変えられるわけではないと思う。政府は、少子化、人口減社会という現実を直視して危機感を強め、より総合的、抜本的な政策の検討に、力を入れるべきだ。

43

1 なったところで
2 なり次第
3 なってからでなければ
4 なってからというもの

44

1 とはいえ
2 は言うまでもなく
3 にいたっても
4 にひきかえ

45

1 させたところで
2 させたとたんに
3 させてみたら
4 させてみたところ

ゴールデンウィークを利用して、海外に出掛けた人も多かっただろう。私の近くにも海外で過ごした人がいて、土産物が届いた。ニュージーランドやドイツの土産物は包装されておらず、中身が丸見えのものも多かった。絵はがきなどはセロハンの封筒に入れられている程度だ。紙袋も再生紙で、見るからに質素な感じを受けた。

商品を売る側も、ゴミが出ないよう配慮しているように思えた。[ 46 ]、日本はどうだろうか。再三指摘されているように、過剰包装の[ 47 ]。コンビニエンスストアやスーパー、自動販売機が至る所にあることは、便利ではある。だが、ゴミを余計に出しているような気もしてならない。

[46]

1 その代わりに　　2 それをぬきにしては
3 それはもとより　　4 それにひきかえ

[47]

1 きざしがある　　2 きらいがある
3 つもりがある　　4 きっかけがある

たばこの害については論じる［48］。当人の害については、当人の責任で喫煙しているのだから、さほど社会問題には［49］。

問題は、受動喫煙のように漂うタバコの煙を吸入することになる非喫煙者への害である。ある自治体では歩きたばこを条例で禁止している。確かに危険だし、道路も汚れる。それなら、車からのたばこのポイ捨ても同じ理由で禁止すべきことではないだろうか。窓から灰を落とし、吸い殻を捨てる行為は、後続の二輪車にとって［50］。それを避けようとして事故につながったケースもある。

交通安全のために取り締まるはずのパトカーや白バイは、道路交通法違反ではないからというのだろうか、見て見ぬ振りをしている。スピード違反などと同じように取り締まることはできないのだろうか。

**48**

1 ほどもない
2 までもない
3 始末だ
4 にたえない

**49**

1 なるまい
2 なるだろう
3 なりかねない
4 なろう

**50**

1 危険のみではない
2 危険次第だ
3 危険極まりない
4 危険にかたくない

해석보기

PART2

# 학습 우선도로 나눈 **N1 능시문법**

# 031-060

031 ～始末(しまつ)だ ~지경이다, ~모양이다

032 ～ずくめ ~일색, ~뿐

033 ～ずにはおかない・～ないではおかない
~하고야 말겠다<강한 의지>, ~하게 된다<자연발생적 결과>

034 ～そばから ~하는 족족, ~하기가 무섭게

035 ただ～のみだ 다만 ~뿐이다

036 ～であれ ~이든, ~라 할지라도

037 ～ではあるまいし
~이 아니기 때문에, ~도 아닐테고

038 ～てまで ~해서까지

039 ～てやまない 간절히 ~하다, 매우 ~하다

040 ～とあいまって ~와 맞물려, ~와 어울려

041 ～といい～といい ~도 ~도

042 ～といえども ~라 할지라도, ~라고 해도

043 ～といったところだ (대략) ~정도이다

044 ～とは ~라니

045 ～ないものでもない ~못 할 것도 없다

046 ～ならではの ~만의, ~이 아니면 안 되는

047 ～なり ~하자마자

048 ～にかかわる ~에 관련된

049 ～にして ~이기 때문에, ~라 할지라도, ~인 동시에,
~에(로)<수량의 강조>

050 ～に即(そく)して ~에 입각하여, ~에 적합하게

051 ～にたえない (차마) ~할 수 없다, (정말로) ~하다

052 ～に足(た)る ~하기에 충분하다, ~할 만하다
～に足(た)りない・～に足(た)らない
~할 만한 가치가 없다

053 ～に(は)あたらない ~할 것까지는 없다

054 ～にもまして ~보다 더

055 ～ばそれまでだ ~하면 그것으로 끝이다

056 ～もさることながら ~도 그러하지만

057 ～ものを ~일 텐데, ~인 것을

058 ～や否(いな)や ~하자마자

059 ～を禁(きん)じえない ~을 금할 수가 없다

060 ～んがため(に) ~하기 위해(서)

MEMO

## 031

### ～始末だ ▶ ～지경이다, ～모양이다, ～꼬락서니다

접속 동사의 사전형＋始末だ, この・あの＋始末だ

의미 어떤 상황이나 결과가 바람직하지 않다는 비난의 느낌을 나타낸다.

- 彼女は、ダイエットのしすぎで病気になり、入院する始末だ。
- 残業で連日終電で帰ったら、過労で倒れる始末だ。
- さんざん苦労したあげくがこのしまつだ。

## 032

### ～ずくめ ▶ ～일색, ～뿐

접속 명사＋ずくめ

의미 온통 그것으로 가득하다는 의미를 나타낸다.「いいこと」「黒」「規則」「うそ」등과 같은 명사 뒤에 쓰이는 경우가 많다.

- 黒ずくめの服装で道を歩いている人がいる。
- 幸せずくめに見えた彼女にも悩みがあったんですね。
- 希望の会社に就職できたし、結婚もしたし、今年はいいことずくめだった。

MEMO

## 033

### ～ずにはおかない・～ないではおかない

▶ (반드시) ～하고야 말겠다〈강한 의지〉, ～하게 된다〈자연발생적 결과〉

접속 동사의 ない형＋ずにはおかない・ないではおかない

의미 이 기능어는 크게 두 가지 의미를 지닌다. ①동작을 나타내는 동사에 붙어서 반드시 그렇게 하겠다는 '강한 의지'를 나타내는 경우와, ②심리, 심정을 나타내는 동사 등에 붙어서 저절로 그렇게 되어버린다는 '자연발생적 결과'를 강조하여 나타내는 경우가 있다.

1. (반드시) ～하고야 말겠다 〈강한 의지〉

・今度こそ、彼に謝(あやま)らせずにはおかない。

・買ったばかりの車に傷をつけられたから、弁償(べんしょう)させないではおかない。

2. ～하게 된다 〈자연발생적 결과〉

・彼の不注意(ふちゅうい)な一言(ひとこと)は彼女の心を傷(きず)つけずにはおかなかった。

・その演説(えんぜつ)には、相手を説得(せっとく)しないではおかない気迫(きはく)があった。

## 034

### ～そばから

▶ ～하는 족족, ～하기가 무섭게

접속 동사의 사전형・た형＋そばから

의미 시간적 간격 없이 바로 어떤 일이 발생한다는 의미를 나타낸다. 다만, 일회성적인 것이 아니라 반복적으로 이루어지는 일에 대하여 사용된다는 점에서 「～や否(いな)や, ～が早(はや)いか, ～たとたん(に)」 등과 구분된다.

・勉強しても、覚えるそばから忘れてしまう。

・子供はこづかいをもらったそばから使ってしまう。

・仕事を片付(かたづ)けるそばから新しい仕事が入ってくる。

MEMO

## 035

### ただ～のみだ ▶ 다만 ~뿐이다

**접속** ただ+동사의 사전형/명사+のみだ

**의미** 다른 것을 배제하고 오직 그것뿐이라는 한정의 의미를 강조하여 나타낸다.

- 入社面接(めんせつ)は終わった。後はただ結果を待つのみだ。
- これで計画は完璧(かんぺき)だ。後はただ実行(じっこう)するのみだ。
- 今回の大惨事(だいさんじ)の生存者(せいぞんしゃ)は、ただ子供一人のみだったらしい。

**참고**

그것 뿐이라는 한정의 의미를 나타내는 「のみ」와 달리, 그것 뿐 아니라 다른 것도 더 있다는 추가의 의미를 지닌 「のみならず」를 강조한 응용표현을 살펴보자.

**ただ(ひとり)～のみならず 단지 ~뿐만 아니라**

예) 彼はただ勇敢(ゆうかん)であるのみならず、優(やさ)しい心の持(も)ち主(ぬし)でもある。
그는 단지 용감할 뿐만 아니라, 상냥한 마음의 소유자이기도 하다.
財政赤字(ざいせいあかじ)の問題はひとり日本のみならず、多くの国々が抱(かか)えている問題だ。
재정 적자 문제는 단지 일본 뿐만 아니라 많은 나라가 안고 있는 문제이다.

## 036

### ～であれ ▶ ~이든, ~라 할지라도

**접속** な형용사의 어간·명사·의문사+であれ

**의미** 예를 제시하여 화자의 생각을 나타내는 역접표현의 하나이다.「いつ・どう・どこ・だれ」등의 의문사 뒤에 붙는 경우가 많다.

- どんなに残念であれ、済(す)んだことだから忘れるしかない。
- 試合(しあい)の結果はどうであれ後悔(こうかい)しないようにがんばりたい。
- うそをつくことは、どんな理由であれ許(ゆる)すことはできない。

MEMO

참고

**Aであれ Bであれ A든 B든**

A와 B, 어느 경우이건 같은 의미를 지니거나, 대등하게 취급한다는 의미를 나타낸다. 이때, A와 B는 유사하거나 대조적인 내용이 오는 경우가 많다.

예 男であれ女であれ、能力(のうりょく)があれば採用(さいよう)する方針(ほうしん)である。
남자든 여자든 능력이 있으면 채용할 방침이다.

海(うみ)であれ山であれ、家族で行けばどこでも楽(たの)しい。
바다든 산이든 가족이 함께 가면 어디든지 즐겁다.

## 037

## ～ではあるまいし ▶ ~이 아니기 때문에, ~도 아닐 테고

접속 명사+ではあるまいし

의미 원인을 나타내는 표현으로, 해당하는 상황이 아니라서 그렇게 할 수 없다는 부정적 내용이 뒤따르는 경우가 많다. 「～でもあるまいし」는 강조표현이다.

- 映画ではあるまいし、いつまでも夢(ゆめ)ばかり追(お)っているわけにはいかない。
- 壊(こわ)れ物(もの)じゃあるまいし、そんなに大切に扱(あつか)わなくてもいいよ。
- 子どもでもあるまいし、もう少し冷静(れいせい)に話し合うべきだ。

## 038

## ～てまで ▶ ~해서까지

접속 동사의 て형+まで

의미 극단적인 예를 제시하는 표현으로 「～までして(~까지 해서)」와 의미가 같다.

- 高い車を借金(しゃっきん)してまで買うのはやめたほうがいいだろう。
- あの店は予約してまで行くほどではないと思う。
- そんなことをしてまで、勝(か)ちたいとは思わない。

MEMO

## 039

### ～てやまない ▶ 간절히 ～하다, 매우 ～하다

접속 동사의 て형+やまない

의미 어떠한 감정을 강하게 지니고 있다는 의미를 나타낸다. 「願(ねが)う・祈(いの)る・信(しん)じる・期待(きたい)する」와 같은 동사를 사용하는 경우가 많다.

- 結婚する二人の今後の幸(しあわ)せを願ってやまない。
- 被災地(ひさいち)の一日も早い復興(ふっこう)を祈(いの)ってやまない。
- 新人(しんじん)選手の成長(せいちょう)を期待してやまない。

## 040

### ～とあいまって ▶ ～와 맞물려, ～와 어울려

접속 명사+とあいまって

의미 둘 이상의 것이 서로 상호작용을 하여 더욱더 큰 효과나 결과를 나타낼 때 사용한다. 흔히, 「AとB(と)があいまって」나 「AがBとあいまって」의 형태로 사용된다.

- 彼の成績は、やる気(き)とあいまってぐんぐん伸(の)びた。
- 長期不況(ちょうきふきょう)と晩婚化(ばんこんか)とがあいまって少子化(しょうしか)が進んでいる。
- 満開(まんかい)になった桜は周囲(しゅうい)の景観(けいかん)とあいまって見事(みごと)だった。

## 31-40 연습문제 ⑩

**問題　次の文の（　　　）に入れるのに最もよいものを、1・2・3・4から一つ選びなさい。**

01　きのうは休日と久しぶりの晴天(せいてん)が（　　　）、遊園地はどこも人でいっぱいだった。
1 あいまって　2 ともに　3 きっかけに　4 かわきりに

02　このところ、何をやっても失敗（　　　）で、自分が嫌(いや)になる。
1 かぎり　2 ずくめ　3 まみれ　4 きわみ

03　家庭を犠牲(ぎせい)に（　　　）趣味にお金を使うのはあまり健全な状態とは言えません。
1 せずとも　2 しないまでも　3 までなら　4 してまで

04　彼は音楽に才能(さいのう)があって、楽器(がっき)なら何（　　　）演奏(えんそう)することができる。
1 いかんで　2 であれ　3 とあれば　4 ゆえ

05　片(かた)づける（　　　）、子供が散(ち)らかすので、なかなか部屋がきれいにならない。
1 そばから　2 あとでは　3 よそには　4 ことまで

06　卒業する皆さんの健康(けんこう)と幸(しあわ)せを願って（　　　）。
1 やまない　2 たえない　3 とまらない　4 すまない

07　娘が難病(なんびょう)になり、生死(せいし)の境(さかい)をさまよっていることに、お母さんは何もできず、（　　　）神(かみ)に祈(いの)るのみだった。
1 さて　2 なお　3 まだ　4 ただ

08　海外旅行といっても、一人で（　　　）、そんなに心配しなくてもいいんじゃない。
1 行くわけだったんだから　2 行くわけじゃあるまいし
4 行くもんだっただろうに　4 行くもんじゃないだろうが

09　経済成長は鈍(にぶ)り、財政赤字(あかじ)が拡大(かくだい)する中、戦後(せんご)一流国の仲間(なかま)入りを宣言(せんげん)した日本も、今や「もはや経済一流国ではない」と経済閣僚(かくりょう)が（　　　）始末だ。
1 公言する　2 公言しよう　3 公言した　4 公言して

10　あのとき、ああしておけばよかったといまだに後悔(こうかい)して（　　　）。
1 ちがわない　2 やまない　3 とまらない　4 すまない

## 31-40 연습문제 ⑪

**問題　次の文の（　　　）に入れるのに最もよいものを、1・2・3・4から一つ選びなさい。**

**01** 食べる（　　　）次の料理がどんどん運(はこ)ばれてきた。

1 が最後　　2 そばから　　3 のなら　　4 ともなしに

**02** 彼の写真は芸術性(げいじゅつせい)が高く、見る者を感動（　　　）だろう。

1 させずじまい　　2 させずにはおかない
3 させるわけにはいかない　　4 させればそれまでだ

**03** いい年(とし)をして子供（　　　）、朝くらい自分で起きてほしい。

1 にしたって　　2 じゃあるまいし　　3 とはうらはらに　　4 にひきかえ

**04** 超満員(ちょうまんいん)の電車内は暑すぎて、気分が悪くなり倒(たお)れる人が出る（　　　）。

1 あげくだ　　2 あまりだ　　3 しまつだ　　4 しだいだ

**05** 借金(しゃっきん)（　　　）旅行に行ったと聞いてあきれてしまった。

1 するにたる　　2 しただけで　　3 すればこそ　　4 してまで

**06** 専門家でもあるまいし（　　　）。

1 それくらいなら簡単にできるだろう　　2 初心者(しょしんしゃ)を指導している
3 そんなにうまくできるはずがない　　4 プロ並(な)みの腕前(うでまえ)だ

**07** プレゼントというものは、何（　　　）うれしいものだ。

1 であり　　2 であれ　　3 であった　　4 である

**08** 戦争(せんそう)は人々に悲劇(ひげき)をもたらさずには（　　　）。

1 いけない　　2 おかない　　3 ならない　　4 やらない

**09** 彼の突然(とつぜん)の死(し)の知らせを受け、私は何も語(かた)ることができず、（　　　）茫然(ぼうぜん)とするのみだった。

1 ただ　　2 たった　　3 ただし　　4 いわゆる

**10** この地は、清(きよ)い水に恵(めぐ)まれ、伝統の技術（　　　）すばらしい風味(ふうみ)のあるお酒の山地(さんち)となった。

1 ときたら　　2 とおもいきや　　3 にもかかわらず　　4 とあいまって

# 31-40 연습문제 ⑫

**問題　次の文の（　　　）に入れるのに最もよいものを、1・2・3・4から一つ選びなさい。**

01 締め切りに追われ、徹夜続きで仕事をしたあげく高熱で倒れる（　　　）。

1 きっかけだ　　2 かわりだ　　3 きらいだ　　4 しまつだ

02 外国からの穀物輸入と豊作とが（　　　）、穀物の価格は暴落した。

1 あいまって　　2 あたいして　　3 いったら　　4 するなら

03 この会社は給料が高くて、労働時間が短い。本当にいいこと（　　　）だ。

1 一方　　2 ずくめ　　3 まみれ　　4 かぎり

04 子供たちはお菓子を作る（　　　）食べてしまい、もう一個しか残っていない。

1 とたん　　2 とは　　3 かたわら　　4 そばから

05 たとえ冗談半分（　　　）、そのような発言は、後になって問題になりかねない。

1 だの　　2 といって　　3 であれ　　4 とか

06 環境破壊を（　　　）無理に道路建設を押し進めていくのには疑問がある。

1 してまで　　2 にかこつけて　　3 ならまだしも　　4 とあいまって

07 海外旅行に行くのでは（　　　）、なるべく荷物は少なくしたほうがいいと思う。

1 いるまいし　　2 おくまいし　　3 あるまいし　　4 するまいし

08 上田君は就職も決まり、もうすぐ卒業だ。心より今後の活躍を（　　　）。

1 期待するわけにはいかない　　2 期待しないわけだ

3 期待してやまない　　4 期待しないばかりだ

09 この小説は本当にすばらしい。読む人の心を（　　　）だろう。

1 ひきつけるにはいられない　　2 ひきつけることはない

3 ひきつけるとは限らない　　4 ひきつけないではおかない

10 環境問題は、地球規模の問題であり、ただ一国（　　　）、各国が協力して取り組むべき課題なのだ。

1 までもなく　　2 のみならず　　3 にかかわらず　　4 だけであれ

MEMO

## 041

### ～といい～といい ▶ ～도 ～도

접속 명사＋といい＋명사＋といい

의미 화자의 평가나 판단을 예로 제시하여 강조하는 표현이다. 대등하거나 대조적인 두 가지 내용을 예시하는 경우가 많다.

- あのレストランの料理は量(りょう)といい味(あじ)といい申(もう)し分(ぶん)ない。
- 色といいデザインといい、その服、よく似合(にあ)いますよ。
- 彼は表情(ひょうじょう)といい、話し方といい、死んだ父親(ちちおや)にそっくりだ。

## 042

### ～といえども ▶ ～라 할지라도, ～라고 해도

접속 동사・い형용사・な형용사・명사의 보통형＋といえども
(다만, な형용사와 명사의 「だ」는 붙지 않는 경우가 많다)

의미 역접의 의미를 나타내는 문장체 표현이다. '설령 그러한 상황이라 할지라도'라는 의미로, 특별하거나 극단적인 내용을 강조한다. 주로 명사 뒤에 붙어서 쓰인다.

- 子供向(む)けの絵本(えほん)といえども立派(りっぱ)な教科書である。
- この不景気(ふけいき)は、食品産業(さんぎょう)といえども影響(えいきょう)がないはずがありません。
- 最近の若者達は読書離(ばな)れしているといえども、携帯(けいたい)電話でなら読書(どくしょ)をする。

MEMO

## 043

## ～といったところだ ▶ (대략) ～정도이다

접속 명사＋といったところだ

의미 제시되는 내용에 대한 대략적인 판단을 나타내는 표현이다. 수량 뒤에 붙는 경우가 많은데, 이때는 아무리 많아봐야 그 정도밖에 안 된다는 느낌을 나타낸다.

- 携帯(けいたい)電話の電話代(だい)は一か月で5000円といったところだ。
- 明日の講演会(こうえんかい)に集まるのは、200人といったところだろう。
- 自分で料理を作るといっても、せいぜいおでんや目玉焼(めだまや)きといったところです。

## 044

## ～とは ▶ ～라니

접속 동사･い형용사･な형용사･명사의 보통형＋とは
(다만, な형용사와 명사의「だ」는 붙지 않는 경우가 많다)

의미 앞에 오는 내용을 특별히 강조하여, 놀람이나 분노, 감동을 유도하는 표현이다.

- 中学生でもできない問題を小学生が解(と)いたとは驚(おどろ)きだ。
- あの難しい試験に合格(ごうかく)するとは、すごいことだ。
- こんな遅い時間に電話とは、いったい何事(なにごと)だろう。

MEMO

## 045

### ～ないものでもない ▶ ～못 할 것도 없다

접속 동사의 ない형+ないものでもない

의미 단정할 수는 없지만, 경우에 따라서는 그럴 가능성이 있다는 부분적인 긍정을 나타내는 표현이다.

- 君の目的によっては、金を貸(か)さないものでもない。
- 頼まれれば、引き受けないものでもない。
- 今からでも急(いそ)げば、終電(しゅうでん)に間(ま)に合(あ)わないものでもない。

## 046

### ～ならではの ▶ ～만의, ～이 아니면 안 되는

접속 명사+ならではの

의미 바로 그것만이 그런 특징이나 장점을 지닐 수 있다는 "고유성"을 강조하여 나타낸다. 주로 긍정적인 내용을 강조할 때 쓰인다.

- この写真は、まさにプロならではの作品(さくひん)だ。
- この料理は本場(ほんば)ならではの味だ。
- この奇想天外(きそうてんがい)な絵は子供ならではの発想(はっそう)だ。

MEMO

## 047

### ～なり ▶ ～하자마자

접속 동사의 사전형＋なり

의미 앞의 동작이 끝나자마자 바로 다른 동작이 발생하는 경우를 나타낸다.「～が早(はや)いか」「～や否(いな)や」「～たとたん(に)」등과 같은 표현이다.

・料理を一口(ひとくち)食べるなり、彼は「うまい！」と叫(さけ)んだ。

・彼女は事故のニュースを聞くなり、その場に倒(たお)れてしまった。

・少年(しょうねん)はいすに座るなりうとうとしはじめた。

## 048

### ～にかかわる ▶ ～에 관련된

접속 명사＋にかかわる

의미 제시된 내용과 중대한 관련성이 있다는 의미를 표현하는 문형이다.

・これは私の名誉(めいよ)にかかわる問題です。きちんと謝(あやま)ってください。

・誰が会長になるかは、この会の存続(そんぞく)にかかわることだ。

・救急(きゅうきゅう)体制(たいせい)は、人の命(いのち)にかかわることだから、一刻(いっこく)を争(あらそ)う。

MEMO

## 049

# ～にして

▶ ① ～이기 때문에 ② ～라 할지라도 ③ ～인 동시에
④ ～에, ～로〈수량의 강조〉

접속 명사+にして

### 1. ～이기 때문에

의미 「～からこそ」의 의미를 나타내며, 앞에는 긍정적으로 생각되는 내용이 온다.
「～にしてはじめて(～이기에 비로서)」의 형태로 쓰이는 경우가 많다.

- これは、長年(ながねん)当該(とうがい)分野を研究してきた村山(むらやま)さんにしてはじめて解明(かいめい)できる問題だ。
- これほどの安売(やすう)りは、現金取引(とりひき)にしてはじめて可能になることだ。

### 2. ～라 할지라도

의미 「～でも」나 「～のに」와 같은, 역접의 의미를 나타낸다.

- 数学の先生にして解(と)けない問題が、私に解けるはずがない。
- 日本を代表する大企業にして危機(きき)に陥(おちい)るような時代になった。

### 3. ～인 동시에

의미 비슷한 것을 나열하여 제시한다.

- 彼は会社の社長にして少年野球の指導者(しどうしゃ)でもある。
- 彼は高校の先生にして詩人(しじん)でもある。

### 4. ～에, ～로 〈수량의 강조〉

의미 시간이나 나이 등의 수량을 강조하여 나타낸다.

- その天才(てんさい)ピアニストは12歳にしてコンクールに優勝(ゆうしょう)した。
- あの歌手は、6枚目にして最後(さいご)となるアルバムを発売(はつばい)した。

MEMO

## 050

## ～に即して ▶ ～에 입각하여, ～에 적합하게

접속 명사+に即して

의미 제시된 내용이나 기준에 적합하게 어떠한 일이 이루어진다는 의미를 나타낸다.

- 現状に即して規則を改めていくべきだ。
- 国際情勢に即して、外交のあり方を決める。
- マスコミには、事実に即して、正確な情報を提供してほしい。

# 연습문제 ⑬

**問題　次の文の（　　　）に入れるのに最もよいものを、1・2・3・4から一つ選びなさい。**

01　個人のプライバシーを守るということは人権(じんけん)に（　　　）大切な問題である。

1 かかわる　2 したがう　3 かわる　4 おうじる

02　このレストランは、海辺(うみべ)の町（　　　）新鮮(しんせん)な魚を使った料理で有名だ。

1 なみに　2 ながらの　3 なりとも　4 ならではの

03　社長といえども社員のプライベートなことにまで、口を（　　　）。

1 出せるだろう　2 出すこともある　3 出さないでほしい　4 出したりする

04　ひどく疲れていたので、部屋に入る（　　　）ソファーに座りこんでしまった。

1 なり　2 きり　3 から　4 べく

05　このような規定(きてい)は、実態（　　　）柔軟(じゅうなん)に適用(てきよう)すべきだ。

1 とあいまって　2 もかまわず　3 のみならず　4 に即して

06　難しいけれど、努力(どりょく)すれば合格できない（　　　）。

1 ことでもない　2 ものでもない　3 はずではない　4 どころではない

07　このマンションは、価格（　　　）広さ（　　　）新婚(しんこん)夫婦にぴったりだ。

1 といい / といい　2 とも / とも　3 なり / なり　4 であり / であり

08　大学生にもなりながら、そんな簡単なこともできない（　　　）、実に情(なさ)けないことだ。

1 にすら　2 とは　3 わけに　4 ものの

09　この山の頂上(ちょうじょう)まで、休憩などを入れて3時間といった（　　　）だろう。

1 こと　2 とき　3 ところ　4 ばかり

10　あの慎重(しんちょう)な山田さんにして（　　　）、私が失敗してもしかたがないと思う。

1 成功したから　2 成功しただけあって

3 失敗したのだから　4 失敗したとはいうものの

問題　次の文の（　　）に入れるのに最もよいものを、1・2・3・4から一つ選びなさい。

01 友達は私の顔を（　　）なり、急に笑い出した。
1 見る　2 見た　3 見ない　4 見て

02 このりんごはちょっと高いけど、味（　　）香り（　　）最高です。
1 なり / なり　2 といい / といい　3 により / により　4 にして / にして

03 販売した品物に欠陥（けっかん）があると言われては、店の信用に（　　）。
1 かかわる　2 たえない　3 かぎる　4 かなわない

04 これほどの安い仕入れ値（しいれね）は、大量（たいりょう）かつ現金取引（　　）はじめて可能になることだ。
1 かたがた　2 にもまして　3 にして　4 をおいて

05 これからもお客様の要望（　　）すぐれた新商品を開発してまいります。
1 につけて　2 について　3 に反して　4 に即して

06 会議の開始まで後30分ほどあるから、すぐ出れば（　　）。
1 間に合わないではいられない　2 間に合わないどころではない
3 間に合わないまでもない　4 間に合わないものでもない

07 あそこでは老舗（しにせ）旅館（　　）行（ゆ）き届（とど）いたサービスが受けられる。
1 かぎりの　2 ならではの　3 まじきの　4 にかけての

08 この辺りの家賃（やちん）は、ワンルームで7万円から9万円（　　）ですね。
1 としたこと　2 といったところ　3 といったこと　4 としたところ

09 今朝遅刻しておきながら、早退（そうたい）したい（　　）虫が良すぎる。
1 ことか　2 ことを　3 とは　4 ものを

10 これは絵本と（　　）字が多く、低学年には抵抗（ていこう）があるため、高学年の子どもたちに読んでもらいたいと思う。
1 いわず　2 いうなり　3 いえども　4 いえても

## 연습문제 ⑮

**問題　次の文の（　　　）に入れるのに最もよいものを、1・2・3・4から一つ選びなさい。**

01 株価(かぶか)があまり安いと会社の評判にも（　　　）かも知れない。

1 したがう　2 そくする　3 かかわる　4 もとづく

02 彼女は妊娠(にんしん)3ヶ月で、40歳（　　　）初めての出産だという。

1 をもって　2 にして　3 をもとに　4 にとして

03 父は夜中(よなか)に帰ってきた息子の顔を（　　　）、大声(おおごえ)で怒鳴(どな)った。

1 見るなり　2 見ないうちに　3 見たきり　4 見てからというもの

04 山登(やまのぼ)りは他の人にとって厳しいものでも、中村さんにとっては軽い散歩（　　　）。

1 といえばこそだ　2 といってこそだ

3 といったところだ　4 というにはあたらない

05 普段は大人しい彼があんなに怒る（　　　）、よほどのことがあったに違いありません。

1 だに　2 ものの　3 ときたら　4 とは

06 あのレストランはサービス（　　　）雰囲気（　　　）、最高だ。

1 といえ / といえ　2 やら / やら　3 といい / といい　4 につき / につき

07 教育現場の希望（　　　）指導(しどう)方法の変更をする。

1 なりに　2 ともなると　3 ばかりか　4 に即して

08 日本全体が不景気(ふけいき)（　　　）、中小(ちゅうしょう)企業でなかなか頑張(がんば)っているところもある。

1 といえども　2 といえばこそ　3 にしては　4 にかけては

09 彼が先月発表した作品は、文学賞受賞(じゅしょう)作家（　　　）すばらしい作品に仕上(しあ)がっている。

1 といえども　2 ならではの　3 にかけての　4 ともなれば

10 君が本気(ほんき)で大学院で勉強したいと言うのなら、推薦状(すいせんじょう)を書かない（　　　）よ。

1 にすぎない　2 にかぎる　3 ものでもない　4 こともしない

MEMO

## 051

# ～にたえない ▶ (차마) ～할 수 없다, (정말로) ～하다

이 기능어는 접속형태에 따라 의미가 달라진다. 즉, 동사에 접속하는 경우와 명사에 접속하는 경우에 따라 그 의미가 다르다.

### 1. (차마) ～할 수 없다

**접속** 동사의 사전형+にたえない

**의미** 그러한 상황을 참을 수 없을 정도로 불쾌하다는 느낌을 표현한다. 「聞くにたえない(차마 듣고 있을 수 없다)」 「見るにたえない(차마 보고 있을 수 없다)」로 기억해 두도록 하자.

・最近のテレビ番組(ばんぐみ)は、見るにたえないものが多い。

・彼の口汚(くちきたな)いものの言い方はまったく聞くにたえない。

### 2. (정말로) ～하다

**접속** 명사+にたえない

**의미** 어떠한 감정을 강하게 느낄 때, 그 감정 뒤에 「～にたえない」를 붙여서 강조한다.

・多くの方々にご支援(しえん)いただき、感謝(かんしゃ)にたえません。

・ご主人(しゅじん)がお亡(な)くなりになったとうかがって、悲(かな)しみにたえません。

MEMO

## 052

# ～に足(た)る / ～に足(た)りない・～に足(た)らない

▶ ～하기에 충분하다, ～할 만하다 / ～할 만한 가치가 없다

**접속** 동사의 사전형·명사＋に足る/に足りない·に足らない
(이 때 명사는 する가 붙는 명사를 말한다)

### 1. ～に足(た)る

**의미** 그렇게 할 만한 가치가 있다는 의미를 나타내며, 긍정적인 내용을 표현할 때 사용한다. 「～に足る」 뒤에는 명사가 오는 경우가 대부분이다. 「満足(まんぞく)する・信頼(しんらい)する」와 함께 기억해 두도록 하자.

- 彼はどんなときでも信頼(しんらい)にたる人です。
- 全員を納得(なっとく)させるにたる説明をするのは難しい。

### 2. ～に足(た)りない・～に足(た)らない

**의미** 그렇게 할 만한 가치가 없다, 그렇다고 하기에는 부족하다는 의미를 나타낸다.

- この小説は読むに足(た)りないつまらないものだ。
- 報告書(ほうこくしょ)の内容は信頼にたりないものが多かった。
- マスコミで取(と)り上(あ)げられたＡ氏のうわさは、取るに足(た)らない内容だ。

**참고**

「～にたる」와 유사한 표현으로 「～にたえる(그런대로) ～할 만하다」가 있다. '그럴 만한 가치가 있다'는 관용적인 표현으로, 동사의 사전형이나 명사에 접속한다.

예) あの映画は子ども向(む)けだが、大人(おとな)の鑑賞(かんしょう)にも十分(じゅうぶん)たえるものだ。
그 영화는 어린이용이지만, 어른들도 충분히 감상할 만한 작품이다.

MEMO

## 053

## ～に(は)あたらない ▶ ～할 것까지는 없다, ～할 필요 없다

접속 동사의 사전형·명사+に(は)あたらない

의미 그렇게 할 필요가 없다는 의미를 나타낸다. 「驚(おどろ)く」「喜(よろこ)ぶ」「恐(おそ)れる」「感心(かんしん)する」「ほめる」 등의 감정을 나타내는 동사에 붙는 경우가 많다.

- この作品(さくひん)は出来(でき)が悪く、評価(ひょうか)するにあたらない。
- 子どもは多少(たしょう)熱があっても元気ならば心配するにあたらない。
- そんなつまらないことで彼を非難(ひなん)するにはあたらない。

## 054

## ～にもまして ▶ ～보다 더

접속 명사+にもまして

의미 「～以上(いじょう)に」, 「～よりも」의 의미로, 제시된 것 이상으로 정도가 심하다는 의미를 나타낸다.

- 昨年にもまして物価(ぶっか)が上がった。
- 自分の進学(しんがく)問題にもまして気がかりなのは姉の就職(しゅうしょく)問題です。
- 以前にもまして、開発による環境破壊(はかい)が深刻(しんこく)になってきた。

MEMO

## 055

### ～ばそれまでだ ▶ ～하면 그것으로 끝이다

접속 동사의 ば형+それまでだ

의미 그러한 상황이 되면 어쩔 방도가 없다는 의미를 나타낸다.

- 今の便利な生活も、電気(でんき)がとまってしまえばそれまでだ。
- 高価(こうか)な陶磁器(とうじき)でも、落(お)としてしまえばそれまでだ。
- どんなにいい製品(せいひん)を開発しても、消費者(しょうひしゃ)に受け入れられなければそれまでだ。

참고

**～たらそれまでだ ～하면 그것으로 끝이다**

「～ばそれまでだ」와 같은 의미이다.

예 いくらお金(かね)をためても、死んでしまったらそれまでだ。
아무리 돈을 모아도 죽어 버리면 그걸로 끝이다.

## 056

### ～もさることながら ▶ ～도 그러하지만, ～은 물론이고

접속 명사+もさることながら

의미 앞 쪽에 오는 내용도 물론이지만, 뒤에 오는 내용 쪽이 정도가 더 강하다는 의미를 부여하여 뒤의 내용을 강조한다.

- この携帯(けいたい)電話は、価格(かかく)やデザインもさることながら、使(つか)い勝手(がって)が良いので評判(ひょうばん)だ。
- あの新人(しんじん)歌手は、歌のうまさもさることながらダンスもすばらしい。
- 最近は、政治(せいじ)問題もさることながら、環境問題も多くの人の注目(ちゅうもく)を集めている。

MEMO

## 057

## ～ものを ▶ ～일 텐데, ～인 것을

접속 (동사의 ば형+) 동사·い형용사의 보통형+ものを

의미 종조사 「～のに(～할 텐데)」에 가까운 표현이다. 그렇게 했으면 좋았을 텐데 실제로 그렇게 하지 않아서 아쉽다는 유감이나 후회, 불만의 감정을 나타낸다.

- 私に相談(そうだん)してくれれば何とかしてあげたものを。
- やめればいいものを無理をするから怪我(けが)をするのだ。
- 人(ひと)の言うことを聞けばいいものを聞かないから失敗するのだ。

## 058

## ～や否(いな)や ▶ ～하자마자

접속 동사의 사전형+や否や

의미 그 동작과 동시에 바로 뒤의 동작이 발생한다는 의미로 사용한다.

- 子供は母親(ははおや)の姿(すがた)を見るや否(いな)や走り出した。
- 彼女は客が帰るやいなや店の掃除(そうじ)を始めた。
- 家に帰るやいなやさっそくテレビをつけた。

MEMO

## 059

## ～を禁(きん)じえない ▶ ～을 금할 수가 없다

접속 명사+を禁じえない

의미 감정표현 뒤에 붙어서, 그러한 감정을 억제할 수가 없다는 의미를 나타낸다. 「涙(なみだ)・驚(おどろ)き・同情(どうじょう)・怒(いか)り」 등 감정을 나타내는 명사 뒤에 붙으며, 말하는 사람의 감정을 나타내므로 「わたし, わたしたち」가 주어가 된다.

- 災害(さいがい)で家も親も失った子供たちを見ていると、同情(どうじょう)を禁(きん)じえない。
- 今回の事件に関しては、驚(おどろ)きと怒(いか)りを禁じえない。
- 事故で家族を失った彼女の話を聞いて、涙(なみだ)を禁じえなかった。

## 060

## ～んがため(に) ▶ ～하기 위해(서)

접속 동사의 ない형+んがため(に)

의미 목적을 나타내는 문장체의 딱딱한 표현이다. 「する」는 「せんがため(に)」가 된다.

- 学校は児童(じどう)の安全を守らんがために、細心(さいしん)の注意(ちゅうい)を払っている。
- 将来(しょうらい)の夢をかなえんがため、日々の努力(どりょく)を惜(お)しまない。
- 真実(しんじつ)を明(あき)らかにせんがため、あらゆる手を尽(つ)くすべきだ。

**問題　次の文の（　　）に入れるのに最もよいものを、1・2・3・4から一つ選びなさい。**

01　電話での相手の口調(くちょう)といったら、なんとも乱暴(らんぼう)で聞く（　　）ものだった。
1 にかたい　2 にかたくない　3 にほかない　4 にたえない

02　今回の会議では耳を傾(かたむ)ける（　　）意見が多く出た。
1 にたえる　2 とばかりに　3 にかかわる　4 ゆえの

03　子どもをねらった犯罪(はんざい)には強い怒(いか)りを（　　）。
1 禁じえない
2 禁じざるをえない
3 禁じるにかたくない
4 禁じるばかりではない

04　あの頃私は大学に進学(しんがく)（　　）毎日遅くまで勉強した。
1 するゆえ　2 せんばかりか　3 せんがために　4 するにあって

05　彼はよほど疲れていたのか、席に着く（　　）眠(ねむ)ってしまった。
1 が最後　2 末に　3 や否や　4 次第で

06　いくらお金をたくさん持っていても死んでしまえば（　　）。
1 それからだ　2 それぐらいだ　3 それほどでもない　4 それまでだ

07　もう少し早く会社を出ていれば、終電(しゅうでん)に間に合ったものを、（　　）。
1 まだまだ余裕がある
2 急ぐことはない
3 今からではもう遅い
4 急げば問題はない

08　あの店の料理は見た目の美しさ（　　）、素材(そざい)を生かした味で評判(ひょうばん)である。
1 もかまわず　2 もさることながら　3 ならまだしも　4 をものともせずに

09　彼なりに努力(どりょく)してきたのだから、いい結果が得られなかったとしても、非難(ひなん)する（　　）。
1 にすぎない　2 にはあたらない　3 にほかならない　4 にかたくない

10　今年の新卒者(しんそつしゃ)の就職は、去年（　　）さらに厳(きび)しい状況になることが予想される。
1 にかこつけて　2 にかかわらず　3 にそくして　4 にもまして

## 연습문제 ⑰

**問題　次の文の（　　　）に入れるのに最もよいものを、1・2・3・4から一つ選びなさい。**

**01** どんなにいいパソコンを買っても、使わなければ（　　　）。

1 そのものだ　2 そのままだ　3 それまでだ　4 それだけだ

**02** 野村(のむら)君は我が校の代表として推薦(すいせん)するに（　　　）有望(ゆうぼう)な学生だ。

1 あたる　2 いたる　3 たる　4 なる

**03** 営業成績を（　　　）、社員一同一丸(いちがん)となってがんばっている。

1 上げようが上げまいが　2 上げんばかりに
3 上げようにも　4 上げんがために

**04** あの映画は、残酷(ざんこく)なシーンばかりでまったく（　　　）。

1 見るにたえない　2 見たことになる　3 見てやまない　4 見ないものでもない

**05** 彼は社長に就任(しゅうにん)する（　　　）新しい事業を展開した。

1 うちに　2 とたんに　3 やいなや　4 にひきかえ

**06** 文句があるならそう言えばいいものを、どうして（　　　）。

1 言ったんだ　2 だまっていたんだ　3 文句があったんだ　4 だまらなかったんだ

**07** 彼は会社で責任のある仕事を任(まか)されて、以前（　　　）仕事に励(はげ)むようになった。

1 にからんで　2 にもまして　3 ともなしに　4 のみならず

**08** 被災地(ひさいち)の人々を救(すく)ったのは、政府の取り組み（　　　）ボランティアの人々の協力(きょうりょく)も大きかった。

1 としたところで　2 にいたっては　3 もさることながら　4 をものともせず

**09** 優秀(ゆうしゅう)な山下(やました)君のことだから、あの難しい試験に合格したからといって、驚(おどろ)く（　　　）。

1 にかぎらない　2 にはあたらない　3 にきまっている　4 にちがいない

**10** 一夜(いちや)にして今まで築(きず)き上(あ)げた財産(ざいさん)を火事でなくした彼に対して哀(あわ)れみを（　　　）。

1 禁じえない　2 禁じさせない　3 禁じざるを得ない　4 禁じるほかない

## 51-60 연습문제 ⑱

**問題　次の文の（　　　）に入れるのに最もよいものを、1・2・3・4から一つ選びなさい。**

01 今度発売した新製品は、従来品（　　　）好評だ。
1 ともなしに　2 ばかりか　3 にもまして　4 ならまだしも

02 久しぶりに恋愛映画を見て、最後の感動的な場面に涙を（　　　）。
1 禁じえた　2 禁じた　3 禁じえなかった　4 禁じなかった

03 論文を（　　　）、彼は夜も眠らずに努力している。
1 仕上げるともなく　2 仕上げんがため　3 仕上げようにも　4 仕上げるまじく

04 今回の事故で多くの死亡者を出したことは誠に遺憾に（　　　）。
1 こたえません　2 たえません　3 そえません　4 やむをえません

05 この程度の実力ならば、彼は（　　　）たりない。
1 おそれるに　2 おそれるにも　3 おそれ　4 おそれて

06 デパートのドアが開く（　　　）、客たちはバーゲン会場にどっと押し寄せた。
1 が最後　2 とたん　3 ばかり　4 やいなや

07 今話題のあの映画は、斬新なストーリー（　　　）映像の美しさもすばらしい。
1 とはいうものの　2 どころではなく　3 をぬきにして　4 もさることながら

08 試験に落ちたからといって悲観（　　　）。また挑戦すればいいから。
1 するよりほかない　2 しないではおかない
3 するにはあたらない　4 しないはずがない

09 黙っていればいい（　　　）余計なことをしゃべって相手を怒らせてしまった。
1 ものの　2 ものか　3 ものを　4 ものだ

10 このチャンスを逃せば（　　　）。こんな機会はもう二度と訪れないだろうから。
1 それだけだ　2 それまでだ　3 そのとおりだ　4 それほどでもない

## 총정리문제 ②

**問題 1 次の文の（　　）に入れるのに最もよいものを、1・2・3・4から一つ選びなさい。**

**1** あの小さかった太郎(たろう)君が、こんなに立派になる（　　）、本当にびっくりした。

1 では　　2 とは　　3 との　　4 とも

**2** 何か悲しい知らせだったのか、手紙を読む（　　）彼女は泣き出した。

1 すぐ　　2 なり　　3 が最後　　4 とたん

**3** この国家(こっか)試験は非常に難しく、私も5回目（　　）やっと合格できた。

1 ですら　　2 として　　3 にして　　4 にたいして

**4** 自分の非(ひ)を認めて素直(すなお)に謝(あやま)るなら、許(ゆる)して（　　）。

1 やるまでもない　　2 やるものでもない

3 やることではない　　4 やらないものでもない

**5** 科学の進んだ現代（　　）、科学で解明(かいめい)できないことがまだまだたくさんある。

1 といえども　　2 というと　　3 にとって　　4 にかけては

**6** パソコンの操作(そうさ)はやっかいで、いろいろと使い方を教(おそ)わる（　　）忘れてしまう。

1 あとでは　　2 そばから　　3 よそには　　4 ことまで

**7** このすばらしい作品は、読む者の胸(むね)を（　　）だろう。

1 打たないではおかない　　2 打たざるをえない

3 打ちようもない　　4 打ってはならない

**8** あの大学の野球部は、練習が厳しすぎて、やめる新入生(しんにゅうせい)まで現(あらわ)れる（　　）らしい。

1 次第　　2 挙句　　3 始末　　4 一方

9 父が起こした会社を再建(さいけん)（　　）、他の会社との合併(がっぺい)の道を選(えら)んだ。

1 するがために　2 せんがために　3 しょうがために　4 されんがために

10 レストランでのアルバイトなら、時給(じきゅう)は900円から1000円（　　）だろう。

1 といったところ　2 としたところ　3 というわけ　4 ときたところ

11 膨大(ぼうだい)な資金(しきん)をかけて開発した新薬(しんやく)でも、副作用(ふくさよう)があればそれ（　　）。

1 からだ　2 のみだ　3 ほどだ　4 までだ

12 新入生の彼の演奏(えんそう)は、間違ってばかりで聞く（　　）ものだった。

1 にすぎない　2 にたえない　3 にかたくない　4 にかぎらない

13 山田さんは決断力(けつだんりょく)（　　）誠実(せいじつ)さ（　　）、リーダーとしてふさわしい。

1 だの / だの　2 ならず / ならず

3 といい / といい　4 とあれば / とあれば

14 たとえ子供（　　）、悪いことをすれば、それ相応(そうおう)の処罰(しょばつ)を受け、社会のルールを覚えていくべきである。

1 とあれば　2 といい　3 とあいまって　4 であれ

15 休みなしに練習に打ち込めるのは、みんな勝利(しょうり)を信じて（　　）からだ。

1 たまらない　2 やまない　3 すまない　4 たえない

16 あの映画は映像の美しさと主演俳優(しゅえんはいゆう)の演技力(えんぎりょく)とが（　　）すばらしいものとなっている。

1 あいまって　2 ひきかえ　3 おもいきや　4 かかわらず

17 このアクション映画は、公開(こうかい)される（　　）爆発(ばくはつ)的な人気を巻(ま)き起(お)こした。

1 とたん　2 しだい　3 やいなや　4 そばから

18 このところの不況では、先の見通しをつけるのが非常に難しく、会社の経営方針が頻繁に変えられるとしても驚く（　　　）のだ。

1 わけがない　2 にほかならない　3 にかたくない　4 にはあたらない

19 鈴木さんのところは、去年火事にあって、今年はお子さんが交通事故にあったそうだ。まったく同情を（　　　）。

1 禁じかねない　2 禁じえない
3 禁じざるをえない　4 禁じないではすまない

20 ここでは、花を見ながら散歩するのもいいし、サイクリングもできるし、露天風呂もあるのでのんびりできるし、まさに楽しいこと（　　　）。

1 きわまりない　2 とはかぎらない　3 ずくめだ　4 にあたらない

**問題 2 次の文の ＿★＿ に入る最もよいものを１・２・３・４から一つ選びなさい。**

21 買い物依存症の人は、買い物した時の ＿＿＿ ＿★＿ ＿＿＿ ＿＿＿ 買い物をする人が多いそうだ。

1 借金して　2 幸福感を　3 まで　4 味わおうと

22 次回市長 ＿＿＿ ＿＿＿ ＿★＿ ＿＿＿ 人物と言えば、あの水野さんをおいてほかにはいないだろう。

1 重大な　2 に足る　3 役目を担う　4 としての

23 新製品の開発 ＿＿＿ ＿＿＿ ＿★＿ ＿＿＿ 優秀な研究者も欠かせない。

1 ながら　2 もさることこと　3 にあたっては　4 資金調達

24 消費者を対象に ＿＿＿ ＿＿＿ ＿★＿ ＿＿＿ を進めることにした。

1 アンケートの結果　2 に即して　3 行った　4 商品開発

25 このレストランでは ＿＿＿ ＿★＿ ＿＿＿ ＿＿＿ を使ったサラダを味わうことができる。

1 果物　2 ならではの　3 高原（こうげん）　4 新鮮な野菜と

26 神様（かみさま）では ＿＿＿ ＿＿＿ ＿★＿ ＿＿＿ して予測（よそく）するなんてできないことだ。

1 市場（しじょう）の動きを　2 だれも　3 あるまいし　4 先取（さきど）り

27 知って ＿＿＿ ＿★＿ ＿＿＿ ＿＿＿ ものを、証言（しょうげん）したものだから大変なことになった。

1 知らぬ　2 いい　3 していれば　4 ふりを

28 事件の関係者がなくなった現在、真相（しんそう）は ＿＿＿ ＿★＿ ＿＿＿ ＿＿＿ だ。

1 神のみ　2 ただ　3 ところ　4 知る

29 家族に対する意識（いしき）調査の結果、＿＿＿ ＿＿＿ ＿★＿ ＿＿＿ べきだとの考えが広がっていることが分かった。

1 かかわらず　2 夫は育児（いくじ）に
3 妻の仕事の有無（うむ）に　4 積極（せっきょく）的にかかわる

30 子供は大学受験（じゅけん）を控（ひか）えて、寝る時間も惜（お）しんで勉強している。親に ＿＿＿ ＿★＿ ＿＿＿ ＿＿＿ が心配だ。

1 子供の健康　2 にもまして　3 試験の結果　4 とっては

31 電車の中で、＿＿＿ ＿＿＿ ＿★＿ ＿＿＿ 言葉を大きな声で話していた。

1 同士が　2 聞く　3 にたえない　4 高校生

32 こんなに無邪気（むじゃき）で楽しい絵は、＿＿＿ ＿＿＿ ＿★＿ ＿＿＿ 描ける絵だ。

1 子ども　2 想像力豊（ゆた）かな　3 にして　4 はじめて

33 社長の性格が悪い ＿＿＿ ＿★＿ ＿＿＿ ＿＿＿ 社長の人柄は企業のイメージに表れるものだ。

1 ものでもないが　2 やはり　3 経営ができない　4 からといって

34 大不況で都心 ＿＿＿ ＿＿＿ ＿★＿ ＿＿＿ テナント募集の張り紙だらけである。

1 ビルは　2 一歩裏通りに　3 といえども　4 入れば

35 数千年前の古代遺跡を ＿＿＿ ＿＿＿ ＿★＿ ＿＿＿ 禁じえなかった。

1 古代への　2 思いを　3 募る　4 目の前にして

36 あの家の息子は父親から ＿＿＿ ＿★＿ ＿＿＿ ＿＿＿ らしい。

1 仕事に励む　2 会社をまかされて

3 以前にもまして　4 ようになった

37 この苦境から一歩を ＿＿＿ ＿＿＿ ＿★＿ ＿＿＿ 強くなってきた。

1 覚悟が　2 進めないでは　3 おかない　4 日ごとに

38 わが国の人口構造の高齢化は ＿＿＿ ＿★＿ ＿＿＿ ＿＿＿ スピードで進んでいる。

1 あいまって　2 世界に　3 例をみない　4 少子化と

39 彼はいったい何を考えているのだろう。＿＿＿ ＿★＿ ＿＿＿ ＿＿＿ なんてやる気がないとしか言いようがない。

1 繰り返す　2 そばから　3 注意された　4 同じミスを

40 教育は、将来の国を担う人材を育てる ＿＿＿ ＿＿＿ ＿★＿ ＿＿＿ を担っており、効率化といった面だけで、簡単に考えるべきではない。

1 にかかわる　2 重要な役割　3 という点で　4 国の根幹

**問題 3 次の文章を読んで、文章全体の趣旨を踏まえて、[ 41 ] から [ 50 ] の中に入る最もよいものを、1・2・3・4から一つ選びなさい。**

国立大学の学費が値上(ねあ)がりしようとしている。国家財政(ざいせい)の危機的状況 [ 41 ] 、文部科学省(もんぶかがくしょう)では学費の値上げを本格的に検討し始めた。ではどのくらいにしようとしているかというと、国からの補助(ほじょ)はゼロになる [ 42 ] 、私立大学と同じくらいになることが予想される。ここ一、二年でというわけではないようだが、今後避(さ)けられない現実となると言えよう。

[ 41 ]

1 とあいまって　2 と言えば　3 を皮切りに　4 をよそに

[ 42 ]

1 かわりに　2 くせに　3 にもまして　4 ゆえ

冷夏の影響でコメが不作となり、農家の人たちが暗い気持ちになっている時、これに追い打ちをかけるように全国各地で農作物の盗難が相次いでいる。農作物の盗難発生件数は昨年の1.5倍にものぼるという。ブドウ、梨、栗から、倉庫に積んであった新米までごっそり盗まれる [ 43 ] 。

苦労して育てあげた農作物を守るということは農家の死活 [ 44 ] 問題だ。関係当局も農村のパトロールを強化してほしい。また、このような社会不安を助長する事件の絶滅を願って [ 45 ] 。

**43**

1 しまいだ　　2 かぎりだ　　3 しまつだ　　4 までだ

**44**

1 にかたくない　　2 にかかわる　　3 にもとづく　　4 に相違ない

**45**

1 かねない　　2 きわまりない　　3 すまない　　4 やまない

今の時期、フーフー吹きながら飲む熱い甘酒（あまざけ）はとてもおいしく、体も温まる。我が家では冬の風物詩（ふうぶつし）だ。甘酒と言っても、酒（さけ）かすを溶（と）かしたものに砂糖（さとう）を加えたごく簡単なもの。三年前、町の酒屋さんで、「酒かす、あります」という立（た）て看板（かんばん）を 46 、早速、買い求めて甘酒を作ってみると、なるほど、 47 抜群（ばつぐん）だった。以来、毎年、買いに行く。冬にだけ、しかも酒かすしか買わない客だが、お店の人も覚えていてくれ、お酒のことなどをいろいろ教えてくれる。個人商店 48 触（ふ）れ合（あ）いだ。こうした店がいつまでも元気でいてほしいと思っている。

46

1 見つけると思いきや
2 見つけるこそ
3 見つけるなり
4 見つけるほど

47

1 味をよそに香りをよそに
2 味であり香りであり
3 味といっても香りといっても
4 味といい香りといい

48

1 ならではの
2 めく
3 かぎりの
4 まじきの

社会生活の変化 [49] 、常用(じょうよう)漢字が増えることになった。常用漢字が増えると新聞にはどういう影響があるのだろうか。今まで制限(せいげん)漢字だったため使えなかった字が使えるようになるのだから、以前にもまして便利になるのかと思えば、そうではない。いろいろな問題が生じる。

新聞はなるべく難しい漢語を避け、易しい表現で書くという原則がある。学校教育にも配慮(はいりょ)し、なるべく多くの人が読めるようにする努力も必要である。常用漢字になった [50] 、ただちにルビ(読みがな)なしで使うわけにはいかない。

例えば、多くの人が読むことができても、書けないであろう「鬱(うつ)」。「憂鬱(ゆううつ)」はともかく学術用語の「うっ血」を漢字書きにするか。今回は200字近い漢字と現常用漢字の追加音訓(おんくん)があるわけだから、影響は少なくない。

[49]

1 に至って　　2 に限って　　3 に即して　　4 に関して

[50]

1 からいって　　2 からといって　　3 からこそ　　4 からというもの

해석보기

# PART3

## 학습 우선도로 나눈 N1 능시문법

# 061-090

061 **～あっての** ~가 있고 나서야

062 **～限り** ~하는 한

063 **～限りだ** 매우 ~하다, ~하기 짝이 없다

064 **～かたがた** ~겸해서, ~하는 김에

065 **～かたわら** ~하는 한편으로

066 **～がてら** ~겸해서, ~하는 김에

067 **～が早いか** ~하자마자

068 **～からある** ~이나 되는

069 **～こととて** ~이라서, ~이므로

070 **～ことなしに** ~하지 않고, ~하는 일 없이

071 **～たりとも** ~라고 할지라도, ~도

072 **～たるもの** ~된 자는

073 **～でなくてなんだろう**
~이 아니고 무엇이란 말인가!

074 **～て(は)かなわない**
~해서 견딜 수 없다, 매우 ~하다

075 **～ところを** ~인데도, ~한 상황인데도

076 **～とばかりに** (마치) ~라는 듯이

077 **～ともなしに・～ともなく**
무심코 ~, 특별히 ~하지 않고

078 **～なりに/～なりの** ~나름대로/~나름의

079 **～にあって** ~에, ~에서

080 **～は言うに及ばず** ~은 말할 것도 없고

081 **～べからざる** ~해서는 안 될

082 **～べからず** ~하지 말 것, ~하지 마시오

083 **～まじき** ~해서는 안 될

084 **～まで(のこと)だ** ~하면 된다, ~했을 뿐이다

085 **～(よ)うが～まいが・**
**～(よ)うと～まいと** ~하든 말든

086 **～(よ)うが・～(よ)うと** (설령) ~할지라도

087 **～を皮切りに** ~을 시작으로

088 **～をもって** ~으로〈수단〉, ~으로써〈시간 시작·끝〉

089 **～をものともせず(に)** ~에도 아랑곳하지 않고

090 **～を余儀なくされる** 어쩔 수 없이 ~하게 되다

MEMO

## 061

### ～あっての ▶ ～가 있고 나서야

접속 명사＋あっての

의미 「AあってのB」의 형태로, A가 있어야 B가 성립할 수 있다는 조건을 나타낸다.

・ どんな小さな成功も努力あってのことだ。

・ 客あっての商売だから、客を大切にしなければならない。

・ 彼が突然姿を消したのもわけあってのことに違いない。

## 062

### ～限り ▶ ～하는 한

접속 동사·い형용사의 사전형＋かぎり, な형용사의 어간＋な＋かぎり, 명사＋である＋かぎり

의미 제시된 조건 하에서는, 뒷문장의 결과나 결론이 뒤따르게 된다는 의미를 나타낸다. 「～するかぎり(~하는 한)」, 「～しないかぎり(~하지 않는 한)」으로 기억하면 좋다.

・ 私が見るかぎり、彼は信頼できる人だ。

・ 説明書を読まないかぎり、使い方はわからないだろう。

・ 当店では、可能な限り新鮮な材料を使って料理を作っています。

MEMO

## 063

### ～限(かぎ)りだ ▶ 매우 ～하다, ～하기 짝이 없다

**접속** い형용사의 사전형/な형용사의 명사 접속형(な)+かぎりだ, 명사+の+かぎりだ

**의미** 자신의 감정을 극단적으로 강조하여 나타낸다.

- あのテレビ局(きょく)の経営状態(じょうたい)が悪化(あっか)しているとは驚(おどろ)きの限(かぎ)りだ。
- 自分の作品がみんなに評価(ひょうか)されるとは、本当にうれしいかぎりだ。
- 優秀(ゆうしゅう)な君が会社をやめるとは、残念な限りだ。

## 064

### ～かたがた ▶ ～겸해서, ～하는 김에

**접속** 명사+かたがた

**의미** 하나의 행위가 두 가지 목적을 위해 이루어지는 경우에 사용하는 격식차린 표현이다. 주로 어떤 목적을 갖고 방문하는 경우나, 편지의 목적을 서술할 때 사용되는 경우가 많다.

- 先日のお礼かたがたご挨拶(あいさつ)にお伺(うかが)いします。
- 就職(しゅうしょく)のご報告(ほうこく)かたがたお土産(みやげ)を持って先生のお宅を訪問した。
- お見舞(みま)いのお礼かたがた友人の家を訪(たず)ねた。

MEMO

## 065

## ～かたわら ▶ ～하는 한편으로

**접속** 동사의 사전형＋かたわら, 명사＋の＋かたわら

**의미** 주로 직업에 관련된 일을 하면서 장기간 다른 일도 병행한다는 상황을 나타낸다.

- 彼女は子育(こそだ)てのかたわら小説(しょうせつ)を書いて成功(せいこう)した。
- その音楽家は演奏(えんそう)活動のかたわら、自宅(じたく)で音楽教室を開(ひら)いている。
- 息子(むすこ)は高校へ通(かよ)うかたわら、アルバイトもしている。

## 066

## ～がてら ▶ ～겸해서, ～하는 김에

**접속** 동사의 ます형·명사+がてら

**의미** 하나의 행동이 또 다른 행동을 겸하는 명사에 붙거나, 「歩(ある)く, 行(い)く, 出(で)かける」와 같은 이동과 관련된 동사에 붙는 경우가 많다. 「～かたがた」와 거의 같은 의미를 갖는다.

- 近くの公園に桜(さくら)を見に行きがてらお買い物をした。
- 運動がてら、川沿(かわぞ)いをのんびり散歩した。
- 今度の休みに旅行がてら友人に会いに行く。

MEMO

## 067

### ～が早(はや)いか ▶ ～하자마자

**접속** 동사의 사전형+が早いか

**의미** 어떤 동작이 이루어진 후에 바로 다른 동작이나 상태가 발생하는 경우에 사용한다.

- 電話のベルが鳴(な)るが早(はや)いか、彼女は受話器(じゅわき)を取った。
- 彼は車に飛び乗るが早いか、猛(もう)スピードで走りだした。
- 泥棒(どろぼう)は、警察官の姿を見るが早いか逃(に)げ出(だ)した。

## 068

### ～からある ▶ ～이나 되는

**접속** 명사+からある

**의미** 크기, 무게, 길이 등의 수량을 나타내는 명사 뒤에 붙어서, 그것보다 크거나 많다는 느낌을 강조한다.

- 300 ページからある小説を一晩(ひとばん)で読んでしまった。
- 彼は雨の中、20 キロからある距離(きょり)を歩いてきた。
- 彼は 50 キロからある石を難(なん)なく持ち上げた。

참고

**～からする ～이나 되는 〈금액〉**

예 彼は20万円からするパソコンをよく調(しら)べないで買った。
그는 20만 엔이나 되는 컴퓨터를 잘 알아보지도 않고 샀다.

**～からの ～이나 되는 〈인원〉**

예 5万からの人がコンサート会場(かいじょう)に集まった。
5만 명이나 되는 사람들이 콘서트장에 모였다.

MEMO

## 069

## ～こととて ▶ ～이라서, ~이므로

접속 동사·い형용사·な형용사의 명사 접속형 ＋こととて, 명사＋の＋こととて

의미 원인, 이유를 나타내는 「～ので」에 해당하는 표현으로, 격식차린 문장에서 사용한다.

- 慣(な)れぬこととて初めはずいぶん緊張(きんちょう)したものだ。
- まだまだ未熟(みじゅく)なこととて、業務(ぎょうむ)にミスが多い。
- 不景気(ふけいき)のこととて、もうすぐ卒業だというのにまだ就職先(しゅうしょくさき)が見つからない。

## 070

## ～ことなしに ▶ ～하지 않고, ～하는 일 없이

접속 동사의 사전형＋ことなしに

의미 그 일을 하지 않고 뒤에 오는 동작을 한다는 의미를 문장체적으로 나타내는 딱딱한 표현이다.

- 人は他人と関(かか)わることなしに生(い)きていくことはできない。
- 努力(どりょく)することなしに夢を実現(じつげん)することはできない。
- だれにも知られることなしに計画を推進(すいしん)しなければならない。

## 연습문제 ⑲

問題　次の文の（　　）に入れるのに最もよいものを、1・2・3・4から一つ選びなさい。

01　子育ての（　　）、近所の子供たちを集めてピアノを教えている。
1 いかんで　2 ゆえに　3 そばから　4 かたわら

02　念願(ねんがん)がやっとかなって（　　）かぎりだ。
1 うれしい　2 楽しむ　3 うれしさ　4 喜ぶ

03　幹周(みきまわ)りが10メートル（　　）大木(たいぼく)が台風で倒れた。
1 からある　2 だけある　3 からする　4 だけする

04　まずは、書中(しょちゅう)にてご案内（　　）ご挨拶(あいさつ)申し上げます。
1 といえば　2 というより　3 からして　4 かたがた

05　どんなに失敗しても、彼はあきらめる（　　）、挑戦(ちょうせん)しつづけた。
1 ことなしに　2 ものなしに　3 ものなければ　4 ことなければ

06　散歩（　　）コンビニに行ってきます。何かほしい物、ありますか。
1 なりに　2 がてら　3 がちに　4 ながら

07　社員（　　）会社である。社員が能力を発揮(はっき)し、気持ち良く働(はたら)ける環境を作ることは、会社が利益(りえき)を上げて成長していくためには欠(か)かせないことだ。
1 あっては　2 あっての　3 あってで　4 あっても

08　食堂の席に着く（　　）、当たり前のようにたばこを取り出して火をつける人がいるのは困ったものだ。
1 とあって　2 が早いか　3 かと思ったら　4 あげく

09　歌手の山田美香(やまだみか)さんは引退(いんたい)のうわさを否定(ひてい)するために記者会見を開き、「応援してくれるファンがいる（　　）、私は歌い続けます。」と言った。
1 かぎり　2 ばかり　3 とおり　4 ほど

10　新入社員の（　　）不十分(ふじゅうぶん)な点もあるかと思いますが、どうかよろしくお願いいたします。
1 からして　2 ものの　3 ことといて　4 おかげで

**問題　次の文の（　　）に入れるのに最もよいものを、1・2・3・4から一つ選びなさい。**

01　昼間はにぎやかな繁華街(はんかがい)も、早朝(そうちょう)の（　　）人影(ひとかげ)はまばらだった。
1 ことからは　2 ことして　3 こととて　4 ことさえ

02　涼(すず)み（　　）夜の街でも散歩してみませんか。
1 にたる　2 ごとき　3 がてら　4 なりに

03　弟は晩ご飯を食べ終わる（　　）宿題をし始めた。
1 限り　2 が早いか　3 とたん　4 なりか

04　この地域(ちいき)で農業が盛(さか)んなのは、豊(ゆた)かな水の恵(めぐ)みが（　　）ことだ。
1 あっての　2 あるからの　3 あるの　4 あればの

05　姉は市役所に勤める（　　）、ボランティアで日本語を教えています。
1 こととて　2 かたがた　3 うちに　4 かたわら

06　彼が素直に「ごめん」と謝らない（　　）、私は決して許すつもりはない。
1 いたり　2 ごとき　3 しまつ　4 かぎり

07　家族旅行を楽しみにしていたのに、父の仕事であきらめなければならないとは残念な（　　）。
1 極みだ　2 限りだ　3 あげくだ　4 末だ

08　お忙しいところすみません。先日のお礼（　　）お伺いいたしました。
1 次第　2 にかぎって　3 かたがた　4 と思いきや

09　銀行からお金を借(か)りる（　　）彼は家を建(た)てた。
1 ことなければ　2 ことないまでも　3 ことなしに　4 ことしないで

10　この図書館では2000冊（　　）絵本(えほん)を、自由に手にとって読むことができる。
1 からある　2 どころか　3 さえ　4 ずくめの

# 연습문제 ㉑

問題　次の文の（　　）に入れるのに最もよいものを、1・2・3・4から一つ選びなさい。

01　仕事も家庭も順調(じゅんちょう)で、うらやましい（　　）。
1 あげくだ　2 あまりだ　3 かぎりだ　4 ごとくだ

02　先方が譲歩(じょうほ)しない（　　）、この条件では契約するわけにはいかない。
1 すら　2 うえに　3 かぎり　4 かたわら

03　みんなが力を合わせて取り組む（　　）、この難問(なんもん)を解決することは不可能(ふかのう)だろう。
1 ないでは　2 ところで　3 ものの　4 ことなしに

04　あの作家は小説を書く（　　）絵も描いている。
1 がてら　2 かたわら　3 ところを　4 にたる

05　私が仕事を続けてこられたのは、家族の支援(しえん)（　　）ことだ。
1 あっての　2 いかんでは　3 かたがた　4 あげくの

06　昨日は出張（　　）友人の彫刻(ちょうこく)の展示会を観(み)に行った。
1 かたわら　2 につれて　3 がてら　4 にともなって

07　先生、入院なさったと聞いておりますが、その後お体の具合(ぐあい)はいかがですか。来週お見(み)舞(ま)い（　　）ご挨拶に伺わせていただこうと存(ぞん)じます。
1 かたがた　2 しながら　3 一方で　4 ともに

08　新しい部屋を見に行ったが、あいにく雨の日の（　　）日当(ひあ)たりのことは分からなかった。
1 ことさえ　2 ことには　3 ことでは　4 こととて

09　受験生たちは答案(とうあん)を（　　）が早いか、提出(ていしゅつ)して教室から出ていった。
1 書き終わり　2 書き終わって　3 書き終わる　4 書き終わろう

10　身長(しんちょう)2メートル（　　）大男(おおおとこ)が、突然目の前に現(あらわ)れてびっくりした。
1 でもない　2 からある　3 ほかない　4 までなる

MEMO

## 071

### ～たりとも ▶ ～라고 할지라도, ～도

**접속** 수량 표현+たりとも

**의미** 「一円」「一度」「一日」 등과 같은 매우 적은 수량을 나타내는 수사 뒤에 붙어서, 최소한의 것조차 그렇게 하지 않겠다는 의지를 강조하여 나타낸다.

- 試合(しあい)が終わるまでは一瞬(いっしゅん)たりとも油断(ゆだん)はできない。
- 試験(しけん)まであと一週間しかない。一日たりとも無駄(むだ)にはできない。
- 彼女は、高校３年間、一度たりとも遅刻(ちこく)することがなかった。

## 072

### ～たるもの ▶ ～된 자는

**접속** 명사+たるもの

**의미** 그런 입장에 있는 사람이 당연히 취해야 할 행동임을 나타낼 때 사용한다. 대상이 되는 명사는, 「学生」「教師」「医者」「政治家」「社長」 등 지위나 직업을 나타내는 것이 주로 사용된다.

- 教育者たるもの、子供の可能性(かのうせい)を信じるべきだ。
- 政治家たるもの、国民の疑問(ぎもん)に答える必要がある。
- 研究者(けんきゅうしゃ)たるもの、論文投稿(とうこう)は避(さ)けて通(とお)れない。

MEMO

## 073

### ~でなくてなんだろう ▶ ~이 아니고 무엇이란 말인가!

**접속** 명사+でなくてなんだろう

**의미** 어떠한 일에 대해서 "이것이야말로 바로 그것이다"라는 화자의 생각을 강하게 주장하는 표현이다.

- 家族みんなが健康(けんこう)で仲良(なかよ)く暮らす。これが幸(しあわ)せでなくてなんだろう。
- たくさんの発明品を作った彼が天才(てんさい)でなくてなんだろう。
- 戦争(せんそう)でたくさんの人が死ぬなんて、これが悲劇(ひげき)でなくてなんだろう。

## 074

### ~て(は)かなわない ▶ ~해서(는) 견딜 수 없다, 매우 ~하다

**접속** 동사·い형용사·な형용사의 て형+(は)かなわない

**의미** 너무 심해서 그러한 상황을 견뎌낼 수 없다, 그런 상태라서 곤란하다는 의미를 나타낸다.

- 蚊(か)にさされてかゆくてかなわない。
- この仕事は退屈(たいくつ)でかなわない。
- きちんと謝(あやま)ったのに、何度も文句(もんく)を言われてはかなわない。

MEMO

## 075

### ~ところを ▶ ~인데도, ~한 상황인데도

접속 い형용사 사전형+ところを, 명사+の+ところを

의미 어떤 상황속에서 예상과는 다른 뒤의 동작을 한다는 의미를 나타내며, 인사말에서 주로 사용된다. 역접의 의미를 나타내는 조사 「~のに(~인데도)」의 뉘앙스를 지닌다.

- お休みのところをお邪魔(じゃま)して申(もう)し訳(わけ)ありません。
- 本日はお忙しいところをご出席(しゅっせき)くださり、ありがとうございました。
- 出張でお疲れのところを遅くまで付(つ)き合(あ)わせてしまい、すみませんでした。

참고

다음 상황에서는 형태는 같지만, 상황의 의미만 있고 역접의 의미는 없다.

예 デートしているところを、友達に見られてしまった。
데이트 하고 있는 것을 친구에게 들켜 버렸다.

## 076

### ~とばかりに ▶ (마치) ~라는 듯이

접속 동사·い형용사·な형용사·명사의 보통형+とばかりに

의미 「と」 앞의 내용을 인용하여, 마치 그런 것처럼 느껴진다는 의미를 표현한다.

- 彼は来いとばかりに大きく手を振(ふ)った。
- 料理を一口(ひとくち)食べるなり、彼女はまずいとばかりに顔をゆがめた。
- 私が提案(ていあん)を説明すると、社長はだめだとばかりに首(くび)を振った。

MEMO

참고

**～と言(い)わんばかりに** 마치 ～라고 말하는 듯이

이 표현의 앞에는 주로 명령이나 지시의 표현이 오는 경우가 많다.

예 彼は、静(しず)かにしろと言わんばかりに私をにらんだ。
그는 조용히 하라고 말하는 듯이 나를 노려보았다.

## 077

## ～ともなしに・～ともなく ▶ 무심코 ～, 특별히 ～하지 않고

접속 동사의 사전형＋ともなしに・ともなく

의미 특별히 어떤 일을 하려고 생각하지 않고 무의식적으로 그 동작을 하고 있다는 의미를 나타낸다. 「聞くともなしに聞く(무심코 듣다)」, 「見るともなく見る(무심코 보다)」를 기억해 두자.

1. ～ともなしに

・彼女はテレビを見るともなしに見ていた。

・電車の中で、聞くともなしにとなりのカップルの話を聞いていた。

2. ～ともなく

・窓(まど)の外(そと)を見るともなく見ていたら、友達の姿(すがた)が目に入った。

・古いアルバムを見て、考えるともなく子供の頃を思い出した。

MEMO

## 078

### ～なりに / ～なりの ▶ ～나름대로 / ～나름의

접속 명사+なりに/なりの

의미 「～なりに」 앞에 제시된 내용에 적합하거나 그것에 상응한다는 의미를 나타낸다. 「～なりの」 뒤에는 명사가 온다.

- その問題について私なりに考えてみました。
- 人にはそれぞれその人なりの生き方があるものだ。
- 金持(かねも)ちには金持ちなりの悩(なや)みがある。

## 079

### ～にあって ▶ ～에, ～에서

접속 명사+にあって

의미 특별한 상황이라는 의미를 나타내며, 조사 「に」나 「で」의 의미를 지닌다.

- 父は責任者という立場(たちば)にあって常(つね)に仕事のことを考えていた。
- どんなに困難(こんなん)な状況にあっても決して諦(あきら)めてはいけない。
- 就職活動(しゅうしょく)にあってはやりたい仕事を探(さが)すことも大切だと思う。

## 080

### ～は言うに及ばず ▶ ～은 말할 것도 없고

접속 명사+は+言うに及ばず

의미 특별히 거론하여 말할 필요도 없이 너무나 당연하다는 의미를 나타낸다.

- 彼女は英語は言うに及ばず、フランス語もできる。
- 山田君は、学力は言うに及ばず、運動能力も抜群だ。
- 彼は国内はいうに及ばず、海外にまで知られた作曲家である。

MEMO

# 연습문제 22

**問題　次の文の（　　　）に入れるのに最もよいものを、1・2・3・4から一つ選びなさい。**

01 新しい家は駅からかなり遠くて、（　　　）かなわない。
1 不便に　2 不便で　3 不便な　4 不便なら

02 政治家（　　　）、国民の声に耳を傾(かたむ)けるべきだ。
1 とするもの　2 たるもの　3 まじく　4 にするところ

03 どこから（　　　）パンを焼(や)く香(こう)ばしい香(かお)りが漂(ただよ)ってきた。
1 ともなく　2 とはいえ　3 とあいまって　4 とばかりに

04 クラスの皆で一人に嫌(いや)がらせをしたり無視したりするなんて、これがいじめ（　　　）。
1 にすぎないだろう　2 ではないだろう
3 であってなんだろう　4 でなくてなんだろう

05 苦労してためたお金なのだから、一円（　　　）無駄には使いたくない。
1 ばかりも　2 たりとも　3 だけさえ　4 とはいえ

06 お寺の境内(けいだい)は雨の日（　　　）とてもきれいな景色(けしき)だった。
1 なりに　2 までに　3 にかかわり　4 なくして

07 いかなる時代に（　　　）安全と健康の確保(かくほ)はすべてに優先(ゆうせん)する課題である。
1 つけて　2 とって　3 あっても　4 かけても

08 お忙しい（　　　）お集まりいただき、ありがとうございます。
1 うちに　2 に際して　3 ところを　4 にあって

09 連休中、遊園地は言うに（　　　）、博物館(はくぶつかん)まで家族連(づ)れであふれていた。
1 およべば　2 およんで　3 およばず　4 およばなくて

10 タバコを吸っても良い場所でタバコを吸っているにもかかわらず、ヒステリックにタバコを（　　　）ばかりににらみつける人がいる。
1 吸えと　2 吸うと　3 吸おうと　4 吸うなと

## 71-80 연습문제 ㉓

**問題　次の文の（　　　）に入れるのに最もよいものを、1・2・3・4から一つ選びなさい。**

**01**　刑事（けいじ）（　　　）、そくざに状況判断（はんだん）をして行動（こうどう）できなければならない。

1 あるもの　　2 なるもの　　3 たるもの　　4 さるもの

**02**　水不足で給水（きゅうすい）制限が続いている。水は一滴（　　　）無駄にすることはできない。

1 たりとも　　2 どころか　　3 のみか　　4 までも

**03**　島村（しまむら）氏はつねに人々のためを考える。これが指導者の姿勢（しせい）（　　　）。

1 にあるまじきことだろう　　2 だといったところだ

3 でなくてなんだろう　　4 だといったらありはしない

**04**　読みかけの本を読み進めようと考えたのだが、こう眠（ねむ）くては（　　　）。

1 かまわない　　2 かなわない　　3 かなうだろう　　4 かまうだろう

**05**　お忙しい（　　　）、恐れ入りますが、よろしくお願いいたします。

1 に際して　　2 ところを　　3 ところで　　4 にあたって

**06**　店員は、私たちに早く帰れと（　　　）、お皿を片づけはじめた。

1 ばかりか　　2 ばかりに　　3 ばかりも　　4 ばかりで

**07**　電車の中で、（　　　）となりに座った女子高生たちの話を聞いていた。

1 聞かないまでも　　2 聞くこともせずに

3 聞くともなく　　4 聞かないながらも

**08**　新製品の広告について、わたし（　　　）考えを述べたいと思います。

1 しだいの　　2 いかんの　　3 がちの　　4 なりの

**09**　年末商戦（しょうせん）ではテレビは言うに（　　　）、ビデオカメラやパソコンなどがよく売れた。

1 までもなく　　2 およばず　　3 よらず　　4 のみか

**10**　この不況下（　　　）仕事を探すのはなかなか難しい。

1 あっての　　2 にあって　　3 にたる　　4 ならではの

## 71-80 연습문제 24

**問題　次の文の（　　　）に入れるのに最もよいものを、1・2・3・4から一つ選びなさい。**

01　今朝、新聞を読む（　　　）読んでいたら、友人の記事が載(の)っていた。

1 ともなく　　2 ことなしに　　3 そばから　　4 ばかりに

02　彼がこの事業に成功できたのは、彼（　　　）絶(た)えず創意(そうい)と工夫を重(かさ)ねてきたからだ。

1 なりに　　2 にもまして　　3 に反して　　4 にひきかえ

03　父親が出張から帰ってくると、子供は待っていた（　　　）おみやげをねだった。

1 とばかりに　　2 とあって　　3 としても　　4 かと思うと

04　運転手（　　　）、客の安全のために細心(さいしん)の注意を払わなければいけない。

1 こととて　　2 ものなら　　3 ならでは　　4 たるもの

05　運転士の仕事はおおぜいの尊(とうと)い命を預かっているため、運転中は一瞬（　　　）油断(ゆだん)ができません。

1 ならでは　　2 ばかりか　　3 たりとも　　4 だけは

06　私は夏より冬のほうが好きだ。でも、そうは言っても、毎日こう寒くては（　　　）。

1 かまわない　　2 かなわない　　3 きりがない　　4 さしつかえない

07　あの国会議員(ぎいん)の汚職(おしょく)事件が有権者に対する裏切(うらぎ)り行為（　　　）。

1 にすぎない　　2 にかぎったことではない

3 でなくてなんだろう　　4 を禁じえない

08　遺族(いぞく)は（　　　）、参列者(さんれつしゃ)の大半(たいはん)も山田氏の言葉に涙を流した。

1 言わないまでも　　2 言うに及ばず

3 言わんがため　　4 言わないことではなく

09　遠いところ（　　　）、おいでくださいましてありがとうございます。

1 が　　2 で　　3 に　　4 を

10　どのような困難な状況に（　　　）、解決策(さく)は必ずあると信じている。

1 あっても　　2 つけても　　3 とっても　　4 かけても

MEMO

## 081

### ～べからざる ▶ ~해서는 안 될

**접속** 동사의 사전형+べからざる

**의미** 금지나 불가능을 나타내는 표현으로 뒤에 명사가 따른다. 「するべからざる」는 「すべからざる」로 표현하는 경우도 있다.

- 彼のとった行動は許(ゆる)すべからざる行為(こうい)だ。
- これだけは、だれが見ても疑(うたが)うべからざる事実である。
- 日本の料理に、味噌(みそ)としょうゆは欠(か)くべからざるものだ。

## 082

### ～べからず ▶ ~하지 말 것, ~하지 마시오

**접속** 동사의 사전형+べからず

**의미** 게시물이나 간판 등에 사용되는 금지표현이다. 「するべからず」는 「すべからず」로 표현하는 경우도 있다.

- 川には入るべからず。
- 飲酒(いんしゅ)運転をするべからず。
- 人の悪口(わるくち)は言うべからず。

MEMO

## 083

### ～まじき ▶ ～해서는 안 될

**접속** 동사의 사전형＋まじき

**의미** 그러한 입장에 있는 사람은 당연히 그런 일을 해서는 안 된다는 의미를 나타낸다. 뒤에는 명사가 온다는 점에 주의하도록 한다. 「するまじき」는 「すまじき」로 표현하는 경우도 있다.

- 弱い者をいじめるなんて、許すまじきことです。
- 彼のやったことは、人としてあるまじき残酷(ざんこく)な行為だ。
- 彼の発言(はつげん)は、国会議員としてあるまじきことである。

## 084

### ～まで(のこと)だ ▶ ① ～하면 된다〈결단, 의지〉 ② (단지) ～했을 뿐이다〈설명〉

접속 형태에 따라 의미가 달라진다.

**1. ～하면 된다〈결단, 의지〉**

**접속** 동사의 사전형＋まで(のこと)だ

**의미** 어쩔 수 없으니 그렇게 하겠다는 결심이나 의지를 나타낸다.

- ホテルの予約がだめなら、日帰(ひがえ)り旅行にするまでだ。
- 今年の試験がだめなら、来年また受けるまでのことだ。

**2. (단지) ～했을 뿐이다〈설명〉**

**접속** 동사의 보통형＋まで(のこと)だ

**의미** 이유를 강조해서 단적으로 설명할 때 사용하며, 과거를 나타내는 た형 뒤에 붙는 경우가 많다.

- 私たちは人間として、当然(とうぜん)の事をしたまでです。
- 飲み会に招待(しょうたい)され参加したまでです。

MEMO

## 085

## ～(よ)うが～まいが・～(よ)うと～まいと

▶ ～하든 말든

접속 동사의 의지형＋が(と)＋동사의 사전형＋まいが(まいと)
(다만 まい의 경우 1그룹 동사에는 기본형에 접속하고, 2그룹과 3그룹 동사는 ない형에 접속한다)

의미 서로 대비되는 2개의 동작이나 작용을 나열하여, 어느 쪽이든 똑같다는 의미를 나타낸다.

1. ～(よ)うが～まいが

・勉強しようがしまいが、その結果の責任は自分にある。

・みんなが反対しようがしまいが、私は気にしない。

2. ～(よ)うと～まいと

・あなたが野菜を食べようと食べまいと、私には関係のないことだ。

・行こうと行くまいと、あなたの好きにしてください。

MEMO

## 086

### ～(よ)うが・～(よ)うと ▶ (설령) ~할지라도, ~하든

접속 동사의 의지형＋が(と), い형용사 어간＋かろうが(かろうと), 명사＋だろうが(だろうと)

의미 역접의 내용을 강조하여 나타내는 문장체 표현이다. 강한 의지를 나타내는 문장에서 사용되는 경우가 많다.

1. ～(よ)うが

・だれが何と言おうが、彼は絶対耳をかさない。

・どんなに苦しかろうが自分で選(えら)んだ道を進む。

2. ～(よ)うと

・あなたが何をしようと自由です。

・何年かかろうと諦(あきら)めるつもりはない。

## 087

### ～を皮切(かわき)りに ▶ ~을 시작으로

접속 명사＋を皮切りに

의미 그것을 시작으로, 관련된 것이나 관련된 일이 계속된다는 의미를 나타내며, 「～を皮切りとして」로도 쓴다.

・市民会館では、スピーチ大会をかわきりに各種(かくしゅ)のイベントが行(おこな)われる。

・先日(せんじつ)の会議では、彼の発言をかわきりに多くの反対意見が出た。

・その事件を皮切(かわき)りとして全国で暴動(ぼうどう)が起こった。

MEMO

## 088

## ～をもって ▶ ～으로〈수단, 방법〉, ～으로써〈시간의 시작 또는 끝〉

접속 명사+をもって

**1. ～으로 〈수단, 방법〉**

의미 무언가를 이용해서 어떤 일을 한다는 것을 나타낸다.

・問題は当事者間(とうじしゃかん)の話し合いをもって解決を図(はか)ることを原則(げんそく)とする。

・当選者(とうせんしゃ)の発表はプレゼントの発送(はっそう)をもってかえさせていただきます。

**2. ～으로, ～으로써 〈시간의 시작 또는 끝〉**

의미 주로 시작하거나 끝나는 시점을 강조할 때 사용한다. 공문서나 인사말 등에서 볼 수 있는 딱딱한 표현이다.

・当社は3月9日をもって、中川(なかがわ)電気と合併(がっぺい)いたします。

・これをもちまして、今日のパーティーは閉会(へいかい)といたします。

참고

**～をもってすれば 그것을 충분히 사용한다면, ～으로 치자면**

「～をもって」의 응용표현으로 「～をもってすれば」가 있다.

예 **「実力(じつりょく)をもってすれば」** 실력을 충분히 사용한다면, 실력으로 치자면
**「技術(ぎじゅつ)をもってすれば」** 기술을 충분히 사용한다면, 기술로 치자면
**「知識(ちしき)をもってすれば」** 지식을 충분히 사용한다면, 지식으로 치자면
**「能力(のうりょく)をもってすれば」** 능력을 충분히 사용한다면, 능력으로 치자면

MEMO

## 089

## ～をものともせず(に) ▶ ～에도 아랑곳하지 않고

접속 명사+をものともせず(に)

의미 주로 「困難」「反対」「暑さ」 등과 같은 장애요인을 나타내는 명사 뒤에 주로 붙어서, 어려운 상황에서도 그것에 지지 않고 극복한다는 느낌을 나타내는 경우가 많다.

- 子どもたちは、寒さをものともせずに、運動場に飛び出して走り回っている。
- 彼は数々(かずかず)の失敗をものともせず、研究(けんきゅう)を続けている。
- 兄は両親(りょうしん)の反対をものともせず、アメリカ留学を決めた。

## 090

## ～を余儀(よぎ)なくされる ▶ 어쩔 수 없이 ～하게 되다

접속 명사+を余儀なくされる

의미 어쩔 수 없이 그러한 동작을 하게 되거나, 그러한 상태로 될 수밖에 없다는 의미를 나타낸다.

- 雨のため、体育祭(たいいくさい)は中止(ちゅうし)を余儀(よぎ)なくされた。
- 経営危機(きき)により、給与(きゅうよ)の削減(さくげん)を余儀なくされた。
- 開発プロジェクトは、予算不足(ぶそく)のため、変更(へんこう)を余儀なくされた。

참고

**～を余儀(よぎ)なくさせる 어쩔 수 없이 ～하게 하다**

「～を余儀なくさせる」로 쓰게 되면 어쩔 수 없이 그렇게 하게 만들었다는 사역의 의미가 된다.

예 予算不足は、夏祭(なつまつ)りの計画変更を余儀(よぎ)なくさせた。
예산 부족은, 여름축제 계획을 어쩔 수 없이 변경하게 했다.

# 연습문제 ㉕

**問題　次の文の（　　）に入れるのに最もよいものを、1・2・3・4から一つ選びなさい。**

01　これより先、工事中につき、立ち入る（　　）。
1 べき　2 べきだ　3 べし　4 べからず

02　テロは人道と正義に反する、（　　）行為である。
1 許すべし　2 許すべき　3 許すべからず　4 許すべからざる

03　賃貸料が急に上がり、新しい店を出す計画は中止を（　　）。
1 余儀なくさせた　2 余儀なくされた
3 余儀なくなった　4 余儀なくしてもらった

04　とにかくやるだけはやってみよう。うまくいかなかったらやり直す（　　）。
1 までのことだ　2 ゆえだ　3 かぎりだ　4 しまつだ

05　自分の小説が売れようと売れ（　　）、著者はいっこうに気にする様子がない。
1 ないと　2 ないか　3 まいか　4 まいと

06　あの会社は不景気の中、過酷な経営環境を（　　）善戦している。
1 ものとして　2 ものならず　3 ものともせず　4 ものだから

07　両親に反対（　　）と、家を出て一人暮らしをするつもりです。
1 させる　2 されよう　3 しよう　4 する

08　今回のコンサートツアーは東京を（　　）全国の主要都市を回る予定だ。
1 はじまりに　2 かわきりに　3 あいついで　4 さいごに

09　厳正な抽選のうえ当選者を決定し、賞品の発送（　　）発表に替えさせていただきます。
1 をもって　2 なりに　3 にとって　4 にひきかえ

10　依頼人のプライバシーをほかの人に漏らすなんて、弁護士として（　　）ことだ。
1 あるまい　2 あるまじき　3 あるらしい　4 あるべき

## 81-90 연습문제 26

**問題　次の文の（　　　）に入れるのに最もよいものを、1・2・3・4から一つ選びなさい。**

01 彼が会社をやめようと（　　　）と私には関係ない。それは彼の問題だ。

1 やめまい　2 やめない　3 やめるつもり　4 やめたい

02 この本がどんなに批判（ひはん）（　　　）、この本の価値（かち）が変わることはないだろう。

1 されようが　2 されると思うと　3 されると　4 されながら

03 誠（まこと）に勝手（かって）ながら、当店は今月30日（　　　）閉店（へいてん）いたします。

1 にもとづいて　2 とあって　3 をして　4 をもって

04 看板（かんばん）には「この先私有地（しゆうち）につき、（　　　）」と書いてあった。

1 入りほうだい　2 入るべからず　3 入ること　4 入らんか

05 私は客観的なアドバイスをした（　　　）で、あとはご自分の価値観（かちかん）で判断してください。

1 かわり　2 まで　3 しまつ　4 ほど

06 生徒（せいと）をなぐって怪我（けが）をさせるなんて、教師（きょうし）に（　　　）行為だ。

1 あるまいし　2 あらんがための　3 あるまじき　4 あるべく

07 首相（しゅしょう）は多くの困難を（　　　）政治改革（かいかく）を進めた。

1 かわきりに　2 こめて　3 ものともせず　4 おいて

08 台風（たいふう）によって飛行機が飛べなくなり、旅行の中止を（　　　）。

1 余儀ないまでだ　2 余儀なくされた

3 余儀なくさせた　4 余儀なくなった

09 環境（かんきょう）にもっとやさしい暮らしをするためにも、リサイクルやゴミの減量（げんりょう）は（　　　）活動（かつどう）だ。

1 欠くべく　2 欠くべき　3 欠くべからず　4 欠くべからざる

10 駅の近くに高層鉄筋（こうそうてっきん）アパートが建設されたのを（　　　）、次々と高層鉄筋アパートが建てられた。

1 かえりみず　2 前にして　3 かわきりに　4 禁じえず

# 연습문제 27

**問題　次の文の（　　　）に入れるのに最もよいものを、1・2・3・4から一つ選びなさい。**

01　道路工事は、住民たちに不便(ふべん)な生活を（　　　）。
1 せずにはおかなかった　2 禁じえなかった　3 極まりなかった　4 余儀なくさせた

02　酒を飲んで運転するようなことは、社会人が（　　　）行為だ。
1 するかぎりの　2 すまじき　3 するような　4 すべき

03　あの議員(ぎいん)は記者会見の席で言う（　　　）発言をし、世間(せけん)を騒(さわ)がせた。
1 べからざる　2 べし　3 べきの　4 べからず

04　もしだれも手伝ってくれないのなら、自分でやってみる（　　　）。
1 にはあたらない　2 までもない　3 までだ　4 にほかならない

05　彼は、体の障害(しょうがい)を（　　　）事業を成功させた。
1 おいて　2 せんがため　3 ものともせずに　4 わけもなく

06　人が私のことを何と（　　　）気にしない。
1 言おうと　2 言うまいが　3 言おうものなら　4 言ったが最後

07　1年間は絶対保存。会議の議事録(ぎじろく)は（　　　）。
1 捨てるべからず　2 捨てたまえ　3 捨ててやまない　4 捨てざるをえない

08　秋の運動会は開会式を（　　　）、各種目(しゅもく)でいっせいに競技(きょうぎ)が開始(かいし)された。
1 おいて　2 もって　3 かぎりに　4 かわきりに

09　当社から会員に対する通知(つうち)その他の連絡は、電子メール（　　　）行うものとします。
1 とあって　2 をもって　3 にして　4 を限りに

10　アカデミー賞(しょう)を（　　　）がとるまいが、あの映画そのものの持つ力は変わらない。
1 とろう　2 とって　3 とる　4 とれる

# 총정리문제 ③

問題 1 次の文の（　　　）に入れるのに最もよいものを、1・2・3・4から一つ選びなさい。

1 車内に流れる音楽を（　　　）聞いていると、懐かしい歌が流れてきた。

1 聞かないまでも　2 聞くどころではなく
3 聞くともなしに　4 聞かないのみならず

2 我が社がここまで成長してこられたのも、皆さんのご声援（　　　）ことと存じます。

1 あるかの　2 あっての　3 あるかぎりの　4 ありながらの

3 パソコン、携帯電話は（　　　）、自動車、テレビ、洗濯機など我々が日常的に利用している便利な道具は、ほとんどが半導体を使用している。

1 いいながら　2 いうにおよばず　3 いえないほど　4 いえないまでも

4 村上選手は、重圧を（　　　）、自己ベストを更新しながら優勝した。

1 もとづいて　2 もとにして　3 もちろんだが　4 ものともせず

5 雨が降ろうと（　　　）と、父は毎朝必ず散歩にでかける。

1 降って　2 降れ　3 降らない　4 降るまい

6 彼は会社勤めの（　　　）、ボランティア活動に積極的に取り組んでいる。

1 あまり　2 そばで　3 かたわら　4 いかんで

7 彼の能力（　　　）してもこの問題は解決できないだろう。

1 におうじて　2 をもって　3 とあいまって　4 にかぎって

8 不正な取引が明るみに出て、当該取引に関わった会社役員は辞職を（　　　）。

1 余儀なくした　2 余儀なくされた　3 余儀なくできた　4 余儀なくさせた

9 犬を連れて公園内を散歩する（　　）。

1 のみか　2 べからず　3 まじき　4 を禁じえない

10 電車の出発を知らせるベルが鳴る（　　）ドアが閉まり、電車が動き出した。

1 とはいえ　2 が最後　3 が早いか　4 ときたら

11 もうすぐ原稿の締め切りだと言うのに、友達とお酒を飲んでいる。これが現実逃避（　　）。

1 とはいえないだろう　2 であってなんだろう
3 でなくてなんだろう　4 といったらないだろう

12 新しいケータイはアメリカでの発売を（　　）、ヨーロッパ、アジアでも順次発売される。

1 皮切りに　2 先立って　3 込めて　4 余儀なく

13 高校3年間、いっしょに過ごした友だちと別れるのは、寂しい（　　）。

1 かぎりだ　2 きわまる　3 きわまりない　4 といったところだ

14 経営者（　　）もの、利潤追求だけでなく社会貢献も考えるべきだ。

1 ある　2 さる　3 うる　4 たる

15 まずは、開店のご通知（　　）ご挨拶申し上げます。

1 あっての　2 かたがた　3 いかんによらず　4 のかたわら

16 母が入院することになり、家事をしなければならなくなった。だが、慣れぬ（　　）何から手をつけたらいいのかさっぱり分からない。

1 ことに　2 ことさえ　3 こととて　4 ことでは

17 ろくに手当てもつかないのに、残業ばかりさせられちゃ（　　）よ。

1 あたらない　2 かなわない　3 さしつかえない　4 ちがいない

18 円高(えんだか)ドル安(やす)の今がチャンス（　　　）、海外のショッピングサイトから直接ブランド品を購入(こうにゅう)する個人輸入ブームが起きている。

1 かと思うと　　2 というところが　　3 とばかりに　　4 にもまして

19 今回のような取材(しゅざい)のやり方は、記者にある（　　　）行為として非難(ひなん)されて当然だ。

1 べからず　　2 はずの　　3 かぎりの　　4 まじき

20 電車が故障(こしょう)で動(うご)かないのなら、しかたがない。タクシーで帰る（　　　）。

1 まである　　2 までもない　　3 までだ　　4 までしかない

**問題 2　次の文の ＿★＿ に入る最もよいものを１・２・３・４から一つ選びなさい。**

21 彼は昼夜(ちゅうや)を問わず ＿＿＿ ＿★＿ ＿＿＿ ＿＿＿ 借金(しゃっきん)を５年で全部返済(へんさい)した。

1 ある　　2 から　　3 一千万円　　4 働き

22 このマニュアルに記載(きさい)されている内容は、将来 ＿＿＿ ＿★＿ ＿＿＿ ＿＿＿ あります。

1 変更する　　2 ことが　　3 ことなしに　　4 予告(よこく)する

23 今日の午後５時までにレポートを提出しなければならない。あと ＿＿＿ ＿＿＿ ＿★＿ ＿＿＿ 状況である。

1 一分たりとも　　2 残っておらず

3 おろそかにできない　　4 ２時間しか

24 友人の入院の知らせを聞き、すぐにお見舞(みま)いに ＿＿＿ ＿＿＿ ＿★＿ ＿＿＿ 行けなかった。

1 海外出張のため　2 行くべき　　3 お見舞いに　　4 ところを

25 このデパートの売り上げはだんだん減っていて、何か ＿＿＿ ＿★＿ ＿＿＿ ＿＿＿ だろう。

1 ことはない　2 増える　3 対策を立てない　4 限り

26 家から駅までは ＿＿＿ ＿＿＿ ＿★＿ ＿＿＿ なるべく歩くようにしている。

1 運動　2 がてら　3 かなりの　4 距離があるが

27 国と地方を通じた ＿＿＿ ＿＿＿ ＿★＿ ＿＿＿ 進展により、高齢者の医療費など、福祉(ふくし)サービスにかかる経費が増大(ぞうだい)している。

1 高齢社会の　2 危機的な　3 にあっても　4 財政状況

28 たとえお金がなくても ＿＿＿ ＿★＿ ＿＿＿ ＿＿＿ いく方法はいくらでもある。

1 なりに　2 生きて　3 ない　4 楽しく

29 議員とヤクザが関係を持つことは民主主義の根幹(こんかん)に ＿＿＿ ＿＿＿ ＿★＿ ＿＿＿ といえよう。

1 行為　2 べからざる　3 関わる　4 許す

30 約50年の昔から営業しているこの洋食屋(ようしょくや)の特徴は、＿＿＿ ＿★＿ ＿＿＿ ＿＿＿ ことだろう。

1 ボリュームたっぷりで　2 何と
3 安くておいしい　4 言おうと

31 大型(おおがた)連休 ＿＿＿ ＿★＿ ＿＿＿ ＿＿＿ かなり厳しいらしい。

1 今からの　2 予約は　3 直前の　4 こととて

32 来週、本会議を開き、＿＿＿ ＿★＿ ＿＿＿ ＿＿＿ 入ります。

1 市長の演説(えんぜつ)を　2 審議(しんぎ)に　3 新年度予算案の　4 皮切りに

33 高校野球の決勝戦(けっしょうせん)は延長戦(えんちょうせん)の末、2−2で引き分けだった。どちらを ＿＿＿ ＿＿＿ ＿★＿ ＿＿＿ 良い試合だった。

1 応援する　2 ともなく　3 緊迫(きんぱく)した　4 見ていたが

34 景気回復のニュースがよく聞こえるようになった。今が ＿＿＿ ＿＿＿ ＿★＿ ＿＿＿ 動きが続いている。

1 値上げに　2 チャンス　3 とばかりに　4 踏(ふ)み切(き)る

35 自分ですら自分を十分に知りもしないくせに、他人が ＿＿＿ ＿＿＿ ＿★＿ ＿＿＿ でなくてなんだろう。

1 理解してくれる　2 のが　3 と思う　4 馬鹿(ばか)

36 彼女は初舞台(はつぶたい) ＿＿＿ ＿＿＿ ＿★＿ ＿＿＿ すばらしい演技(えんぎ)を見せてくれた。

1 不安や緊張を　2 という　3 ものとも　4 せずに

37 つらい治療に耐え、病気を克服(こくふく)することができたのは ＿＿＿ ＿★＿ ＿＿＿ ＿＿＿ と感謝しています。

1 あっての　2 励(はげ)まし　3 家族の　4 こと

38 彼は今回のアルバイトを通して、働く ＿＿＿ ＿＿＿ ＿★＿ ＿＿＿ 経験した。

1 ことの　2 身を　3 厳しさを　4 もって

39 今回の大地震(おおじしん)により多くの被害が出ている。今もなお ＿＿＿ ＿＿＿ ＿★＿ ＿＿＿ かぎりだ。

1 余震(よしん)が　2 恐ろしい　3 おり　4 続いて

40 経営者 ＿＿＿ ＿＿＿ ＿★＿ ＿＿＿ であることを忘れてはならない。

1 会社　2 社員　3 たるもの　4 あっての

**問題3　次の文章を読んで、文章全体の趣旨を踏まえて、［41］から［50］の中に入る最もよいものを、1・2・3・4から一つ選びなさい。**

先月、東京から田舎（いなか）の小さな村に引っ越してきました。引っ越しの大変さ［41］、一人として知り合いのいない土地への移転（いてん）そのものが、いかに難しいことであるかを痛感（つうかん）しました。田舎での生活は慣れぬ［42］心細（こころぼそ）い限りでした。それからひと月あまり、やっとこの土地の水と空気にも慣れてきたように思えます。この村での生活は予期せぬ出来事の連続で、結構おもしろいです。

［41］

1 と言わんばかりに
2 をものともせず
3 と言ったが最後
4 は言うに及ばず

［42］

1 ことなしに
2 こととて
3 とはいえ
4 と思いきや

生きていくために［43］水といえば「飲み水」です。しかし、文明が発達した現代においては、「飲み水」［44］文化的な生活を営(いとな)むためにも多くの水を必要とし、その量は生命を維持(いじ)するための水量をはるかに上回(うわまわ)ります。では、いったい私たちはどれだけの水を、どのような目的で使っているのでしょうか。

朝起きてから夜寝るまで、私たちはあらゆる場面で水を利用しています。生命を維持するための「飲み水」はもちろん、たとえば歯磨きや洗顔(せんがん)、お風呂にも水が欠かせず、トイレも今や水洗が当たり前の時代。外出した先では公共トイレを利用し、また、公園の噴水(ふんすい)に心を癒(いや)されることもあるでしょう。まさに水［45］生活なのです。

43

1 あらん限りの
2 あるまじき
3 欠かせない
4 欠くことはないまでも

44

1 に限らず
2 に反して
3 にかかわらず
4 に基づいて

45

1 ながらの
2 あっての
3 において
4 にとって

今後、あらゆる階層(かいそう)で求められるのは、リーダーシップを身につけた人材です。この層が薄くなると、たちまち組織(そしき)は脆弱化(ぜいじゃくか)(注)するからです。次世代に備(そな)えるには、「だれか」をリーダーシップの発揮(はっき)できる人材に育てていかなければならないのです。

いま多くの会社 [46] リーダーとなるべき人材の不足に悩んでいます。しかし、これは私にはとても不可解(ふかかい)に映ります。なぜなら、将来リーダーとして有望な社員に能力開発の機会を与える [47] 、「うちには人材がいない、いない」と嘆(なげ)いているからです。はたして、人材育成(いくせい)のためにどのくらい本気で取り組んでいるでしょうか。自ら考え、自ら行動するリーダーなくして、企業の発展はありえません。人を育てることこそ経営者 [48] ものの使命(しめい)とも言えるでしょう。

(注) 脆弱化(ぜいじゃくか)：身体・器物・組織などが、もろよわくなること

[46]

1 にあっては　2 にもまして　3 に即して　4 につれて

[47]

1 ことないで　2 ことなしに　3 ことなくて　4 ことないか

[48]

1 おる　2 なりの　3 たる　4 ならではの

ある高速バス会社の運転手による飲酒（いんしゅ）運転に対して、プロとして［49］行為だという批判（ひはん）や、会社の管理責任を問う声をよく聞く。業界団体も対策会議を開いているようだが、私は、本当に再発防止（ぼうし）を目指すなら、飲酒運転に甘い社会の風潮（ふうちょう）から考え直さないといけないのではないかと思う。

バスの運転手だけの問題ととらえず、すべての人が飲酒運転の危険性をしっかり認識し、飲酒運転を許さない社会を作ることが必要だと思う。また、関係当局には、飲酒運転の取（と）り締（し）まりとともに、罰則（ばっそく）のさらなる強化［50］対応してほしいと思う。

**49**

1 あろう　　2 あるまじき　　3 あるべき　　4 あるような

**50**

1 をおして　　2 をおいて　　3 をもとに　　4 をもって

해석보기

PART4

학습 우선도로 나눈 **N1 능시문법**

# 091-120

091 **～からなる** ~으로 구성되는

092 **～ごとき / ～ごとく** ~같은 / ~같이, ~처럼

093 **～ことだし** ~이니, ~이기도 하니

094 **～次第(しだい)** ~에 달려 있음, ~나름

095 **～ずじまいだ** ~하지 못하고 말다

096 **～ずにはすまない・～ないではすまない** ~해야만 한다, ~하지 않으면 해결되지 않는다

097 **～すら** ~조차, ~도

098 **～だけましだ** ~만으로도 다행이다

099 **～だに** ~하는 것만으로도, ~조차

100 **～だろうに** ~텐데

101 **～て(こそ)はじめて** ~해서야 비로소

102 **～てしかるべきだ** ~해야 마땅하다

103 **～てもさしつかえない** ~해도 좋다

104 **～とあれば** ~라면

105 **～といっても過言(かごん)ではない** ~라고 해도 과언이 아니다

106 **～ときたら** ~는, ~로 말할 것 같으면

107 **～ながらに/～ながらの** ~인 채로 / ~그대로의

108 **～ならいざしらず** ~라면 몰라도

109 **～なり～なり** ~하든 ~하든

110 **～にかぎったことではない** ~에 국한된 것은 아니다

111 **～に越(こ)したことはない** ~하는 편이 좋다

112 **～ねばならない** ~하지 않으면 안 된다, ~해야 한다

113 **～の至(いた)りだ** ~의 극치이다, ~하기 그지없다

114 **～の極(きわ)みだ** ~의 극치이다, 최고의 ~이다

115 **～べく** ~하기 위해서

116 **～まい** ~하지 않겠다, ~하지 않을 것이다

117 **～まみれ** ~범벅, ~투성이

118 **～ように** ~하기를〈문말〉

119 **～を限(かぎ)りに** ~을 끝으로

120 **～を踏(ふ)まえて** ~을 토대로, ~에 입각하여

MEMO

## 091

### ～からなる ▶ ～으로 구성되는

**접속** 명사+からなる

**의미** 제시된 요소나 내용으로 구성되어 있다는 의미를 나타내는 문장체 표현이다.

- アメリカは多民族(たみんぞく)からなっている国である。
- 水は酸素(さんそ)と水素(すいそ)からなっている。
- 日本国憲法(けんぽう)は 103 箇条(かじょう)からなっている。
- 日本の国会は衆議院(しゅうぎいん)と参議院(さんぎいん)からなる二院制(にいんせい)をとっている。

## 092

### ～ごとき / ～ごとく ▶ ～같은 / ～같이, ～처럼

**접속** 동사의 사전형·た형+ごとき/ごとく, 명사+(の)+ごとき/ごとく

**의미** 「ごとき」는 「ような」, 「ごとく」는 「ように」의 고풍스런 표현으로, 격식 차린 장소나 딱딱한 문장에서 사용한다. 「ごとき」 뒤에는 명사가 온다. 한편, 「かのごとき」는 「かのような」, 「かのごとく」는 「かのように」의 격식차린 표현이며, 이 경우, 실제로는 그렇지 않지만 마치 그러한 듯한 느낌이 든다는 의미를 나타낸다.

- 今回のごとき事態(じたい)はまた発生(はっせい)する可能性(かのうせい)がある。
- 目の前の景色(けしき)を眺(なが)め、一瞬別世界(いっしゅんべっせかい)にいるかのごとき思いがした。
- あの人は氷(こおり)のごとく冷たい人だ。
- 4 月も半(なか)ばに近いのに再(ふたた)び冬に戻(もど)ったかのごとく寒い。

MEMO

## 093

### ～ことだし ▶ ～이니, ～이기도 하니

**접속** 동사·い형용사·な형용사의 명사접속형＋ことだし, 명사＋の＋ことだし

**의미** 어떤 일을 할 때에 그 이유를 강조하여 나타낸다. 문장 후반에는 의지, 권유, 결단과 같은 내용이 온다.

・雨もやんだことだし、出かけようか。

・もう若くないことだし、あまり無理をしたくありません。

・明日は試験があることだし、今日はテレビを見ないで勉強しよう。

## 094

### ～次第(しだい) ▶ ～에 달려 있음, ～나름

**접속** 명사＋次第

**의미** 중요한 조건을 강조하여 나타내는 표현이다. 次第 앞에 제시된 내용이 조건이 되어, 뒤의 내용이 성립되거나 결정된다는 의미를 나타낸다. 주로, 「명사＋次第で(～에 따라서)」, 「명사＋次第だ(～에 달려 있다, ～하기 나름이다)」의 형태로 사용된다.

・勝負(しょうぶ)はその日の体調次第(たいちょうしだい)だ。

・試験に合格(ごうかく)できるかどうかは本人(ほんにん)の努力(どりょく)次第だ。

・考え方次第では、苦しい経験(けいけん)も貴重(きちょう)な思(おも)い出(で)になる。

MEMO

## 095

### ～ずじまいだ ▶ ～하지 못하고 말다

**접속** 동사의 ない형+ずじまいだ

**의미** 그 일을 끝내지 못한 상태로 되어버렸다는 의미를 나타낸다.

- いろいろ調べたけど、結局答えは分からずじまいだった。
- 今日は忙しくて結局、昼食(ちゅうしょく)も取れずじまいだった。
- お互(たが)いに意識(いしき)しながらも名前すら聞かずじまいだった。

## 096

### ～ずにはすまない・～ないではすまない

▶ ～해야만 한다, ～하지 않으면 해결되지 않는다

**접속** 동사의 ない형+ずにはすまない・ないではすまない

**의미** 사회적 상식이나 도덕적인 기준 등으로부터 '그렇게 하지 않는 것은 허용되지 않는다' '자신의 입장에서 꼭 그렇게 해야 한다'고 말하고 싶을 때 사용한다.

1. ～ずにはすまない

- 上司(じょうし)が病気で入院した。それでお見舞(みま)いに行かずにはすまない。
- 人に迷惑(めいわく)をかけたのだから、謝罪(しゃざい)せずにはすまないだろう。

2. ～ないではすまない

- 交通違反(いはん)をしたのだから、罰金(ばっきん)を払わないではすまない。
- 検査(けんさ)の結果次第(しだい)では、手術(しゅじゅつ)しないではすまないだろう。

MEMO

## 097

## ～すら ▶ ～조차, ～도

접속 명사＋すら

의미 어떤 상태를 묘사하기 위하여 극단적인 예, 또는 너무나 당연한 예를 제시하여 강조하는 표현이다.「～も」「～さえ」보다 격식차린 표현이다.

・疲れきって、立っていることすらできない。

・彼は食事をする時間すら惜(お)しんで、研究(けんきゅう)している。

・小学生ですら携帯(けいたい)を持つ時代になった。

## 098

## ～だけましだ ▶ ～만으로도 다행이다, 그나마 다행이다

접속 동사·い형용사의 보통형+だけましだ, 명사＋である＋だけましだ, な형용사의 어간+な/である＋ だけましだ

의미 좋지 않은 상태이지만, 최악의 상황보다는 그래도 낫다는 의미를 나타낸다.

・今年はボーナスが出なかったが、給料がもらえるだけましだ。

・冬に山道(やまみち)を歩くのは大変だが、今日は風がないだけましだ。

・新入社員の寺内(てらうち)さんは、仕事は遅いけれど、丁寧(ていねい)なだけましだ。

참고

**～ましだ ～(쪽이) 더 낫다**

양쪽 다 싫어하지만, 어느 쪽인가를 선택해야 한다면 이쪽이 조금은 더 낫다는 비교의 의미를 나타낸다. 다음과 같은 표현을 익혀두자.

예 途中(とちゅう)でやめるぐらいなら、やらないほうがましだ。〈～ぐらいなら～方がましだ〉
도중에 그만둘 정도라면, 하지 않는 편이 낫다.

こんなものでもないよりましだ。〈～よりましだ〉
이런 거라도 없는 것보다는 낫다.

MEMO

## 099

## ～だに ▶ ～하는 것만으로도, ～조차

접속 형태에 따라 두 가지 뜻이 있다.

### 1. ～하는 것만으로도

**접속** 동사의 사전형＋だに

**의미** 「考える」「予想する」「想像する」 등과 같은 '생각'에 관련된 제한된 동사에 붙어 '～하는 것만으로도'라는 뜻을 나타낸다.

- 地震(じしん)のことなど想像(そうぞう)するだに恐(おそ)ろしいことだ。
- 伝染病(でんせんびょう)が大流行(だいりゅうこう)したら、たくさんの人が亡(な)くなるなんて考えるだに恐ろしい。

### 2. ～조차

**접속** 명사＋だに

**의미** 「～さえ」의 의미를 나타내며, 뒤에는 부정적인 표현이 오는 경우가 많다. 「予想」「想像」 등과 같은 '생각'에 관련된 명사에 붙는다.

- こんなに株(かぶ)が上がるとは、予想だにしなかった。
- この国の今日(こんにち)のような繁栄(はんえい)は、半世紀(はんせいき)前には想像だにしなかっただろう。

MEMO

## 100

## ～だろうに ▶ ～텐데

접속 동사·い형용사·な형용사·명사의 보통형+だろうに
(다만, な형용사와 명사의 「だ」는 붙지 않는 경우가 많다)

의미 사실과는 다른 가상의 내용을 말할 때 사용한다. 주로 불만이나 유감의 감정을 표현한다.

- もう少しがんばれば、合格(ごうかく)だろうに。
- 父が生(い)きていたら私の花嫁姿(はなよめすがた)を見て喜(よろこ)んだだろうに。
- あと5分早く起きていたなら、遅刻(ちこく)はしなかっただろうに。

## 91-100 연습문제 28

**問題　次の文の（　　　）に入れるのに最もよいものを、1・2・3・4から一つ選びなさい。**

01 あのとき彼が協力を求めたなら、僕はどんなことでもしてあげた（　　　）。
1 だろうに　2 はずなのか　3 まいか　4 ものか

02 社長のご都合（　　　）来週の会議は延期になります。
1 からには　2 次第では　3 ほどで　4 ばかりに

03 子どものころは自分がオリンピックに参加できるなんて、想像だに（　　　）。
1 してみた　2 しなかった
3 しないではいられなかった　4 できたそうだ

04 抗議するつもりだったのに、結局（　　　）に終わった。
1 出来まい　2 出来ほうだい　3 出来ずじまい　4 出来っぱなし

05 事業拡大に伴い、効率よく業務を推進するためにも会社を移転（　　　）はすまない。
1 して　2 しないで　3 せず　4 する

06 会社の資金繰りが厳しくなり、社員に給料を払う金（　　　）ない状況である。
1 こそ　2 でも　3 のみ　4 すら

07 シャワーも浴びた（　　　）、そろそろ寝よう。
1 ことだし　2 ものの　3 ものとして　4 ことに

08 この大学では夏休みになると、毎年100人（　　　）学生たちがアメリカへ語学研修に出かけるそうだ。
1 からいる　2 までする　3 からなる　4 まである

09 この不況じゃ昇給なんてのぞむべくもない。倒産しない（　　　）よ。
1 だけましだ　2 しかない　3 ほどではない　4 までもない

10 すでに述べた（　　　）、最近の観光客の増大は目覚しいものがあり、このための輸送力増強が必要となっています。
1 ごとく　2 か否か　3 ような　4 なりに

## 91-100 연습문제 ㉙

**問題　次の文の（　　）に入れるのに最もよいものを、1・2・3・4から一つ選びなさい。**

01　彼の生い立ちは聞く（　　）哀れなものだった。

1 ばかり　　2 のみ　　3 だに　　4 こと

02　ひどい風邪を引いてしまって、一人では起きあがる（　　）できない。

1 ことすら　　2 にすら　　3 すら　　4 ですら

03　彼の書いた記事は、スペースの関係で紙面に（　　）だった。

1 載るまい　　2 載らずじまい　　3 載りっぱなし　　4 載らないまで

04　若いころにもっと勉強していたなら、今頃後悔しないですんだ（　　）。

1 だけましだ　　2 だろうに　　3 ほうがましだ　　4 も同然だ

05　明日ピクニックに行くかどうかは、お天気（　　）。

1 限りだ　　2 のみだ　　3 ほどだ　　4 次第だ

06　仕事も終わった（　　）、みんなで一杯やりに行きましょう。

1 ことに　　2 ことだし　　3 ことで　　4 こととは

07　不正乗車をして見つかったら、それ相当の罰金を（　　）。

1 払わずにはすまない　　2 払うには及ばない

3 払わないことはない　　4 払うわけにはいかない

08　原料の値上がりなどで、会社の業績が悪化した。しかし、（　　）だけましだ。

1 収益が出ない　　2 損失が出ない　　3 黒字にならない　　4 売り上げが伸びる

09　日本の（　　）島国は自由貿易によってもっとも得すると言われている。

1 かたわら　　2 からの　　3 ごとき　　4 らしく

10　地震の被害状況を調べるため、国や大学の専門家（　　）調査隊が活動を始めた。

1 とはいうものの　　2 にしたって　　3 からなる　　4 をふまえて

**問題　次の文の（　　　）に入れるのに最もよいものを、1・2・3・4から一つ選びなさい。**

01 お客さんお帰りになった（　　　）、そろそろ店を片づけましょう。

1 ことだし　　2 こととて　　3 ことに　　4 ことで

02 火事で家が燃えてしまったのは悲しいが、命が助かった（　　　）。

1 ことしかない　　2 だけましだ　　3 ことばかりだ　　4 のみである

03 地震が起こり、あんな遠くまで津波が来るなんて、予想（　　　）しなかった。

1 だの　　2 でも　　3 だに　　4 では

04 もう10月というのに、ここ数日真夏に戻ったかの（　　　）猛暑が続いている。

1 ごとき　　2 ゆえの　　3 だけの　　4 いかん

05 あの子が生きていたら、もう15歳になっていた（　　　）。

1 からに　　2 までだ　　3 だろうに　　4 ように

06 冬山での遭難者を捜索するため、20人ほどの山岳人（　　　）救助隊が派遣された。

1 からなる　　2 からある　　3 に達する　　4 に即する

07 昔は田畑だったこの地域が、商業の中心地として賑わうことになるとは、（　　　）。

1 想像することができた　　2 想像すらしていなかった

3 想像さえしたわけだ　　4 想像しないではいられない

08 この製品は、工夫（　　　）様々な使い方ができる。

1 ぎみで　　2 次第で　　3 ほどで　　4 限りで

09 昨日は寒さに負けて、どこにも行かず（　　　）だった。

1 あげく　　2 しまつ　　3 じまい　　4 まい

10 就職は重大な問題なので、親に（　　　）にはすまないでしょう。

1 相談しない　　2 相談する　　3 相談した　　4 相談せず

MEMO

## 101

## ～て(こそ)はじめて ▶ ~해서야 비로소

접속 동사의 て형+(こそ)はじめて

의미 그렇게 해서야 비로소 뒤의 동작이나 상태가 가능해진다는 의미를 나타낸다.

- 親元を離れ一人で生活してはじめて、親のありがたさが分かる。
- 情報は、知るべき人が知ってこそはじめて、役に立つ。
- 自ら経験してこそはじめて人の痛みも分かるようになるものだ。

## 102

## ～てしかるべきだ ▶ ~해야 마땅하다

접속 동사·い형용사·な형용사의 て형+しかるべきだ

의미 '본래 그렇게 하는 것이 당연하다'라는 의미로, 당연한 것이 이루어지지 않는 것에 대한 불만을 나타내는 경우가 많다.

- 責任者がきちんと謝罪してしかるべきだ。
- 目上の人には敬意を払ってしかるべきだ。
- 本来夏は暑くてしかるべきだ。

MEMO

## 103

### ～てもさしつかえない ▶ ～해도 좋다, ～해도 문제없다

접속 동사·い형용사·な형용사의 て형＋もさしつかえない,
명사+でもさしつかえない

의미 격식차린 표현으로, 소극적으로 허용하는 듯한 느낌을 준다.

- 急(いそ)ぎの仕事は終わったので、早く帰ってもさしつかえないですよ。
- 農場(のうじょう)体験には汚(よご)れても差(さ)し支(つか)えない服を持参(じさん)してください。
- 履歴書(りれきしょ)はコピーでもさしつかえないでしょうか。

## 104

### ～とあれば ▶ ～라면

접속 동사·い형용사·な형용사·명사의 보통형＋とあれば
(다만, な형용사와 명사의 「だ」는 붙지 않는 경우가 많다)

의미 그러한 상황이라면 어떤 일이라도 한다는 의미를 나타내는 경우에 주로 사용한다.

- あなたが行くとあれば私も行きます。
- お手伝(てつだ)いが必要とあれば、すぐに参ります。
- お世話(せわ)になった川田(かわた)先生の紹介とあれば、断(ことわ)れない。

MEMO

## 105

### ～といっても過言(かごん)ではない ▶ ～라고 해도 과언이 아니다

**접속** 동사·い형용사·な형용사·명사의 보통형＋といっても過言ではない
(다만, な형용사와 명사의「だ」는 붙지 않는 경우가 많다)

**의미** '그렇게 말해도 과장된 것은 아니다', '정말로 그럴 만하다'와 같은 일종의 강조표현이다.「～といっても言(い)い過(す)ぎではない」를 사용하기도 한다.

- この山の景色(けしき)は日本一といっても過言(かごん)ではない。
- 春のお花見(はなみ)はもはや日本人の年中行事(ねんじゅうぎょうじ)といっても過言ではない。
- ラーメンといえば日本人の国民食(こくみんしょく)といっても言(い)い過(す)ぎではない。

## 106

### ～ときたら ▶ ～는, ～로 말할 것 같으면

**접속** 명사＋ときたら

**의미** 주제를 특별하게 강조하는 표현으로, 주로 비난이나 놀람의 느낌을 나타낸다.

- 彼の答案(とうあん)ときたら、字(じ)が汚(きたな)くて読みにくい。
- うちの母ときたら、いつも私を子供扱(あつか)いする。
- 日本の生活ときたら家は狭(せま)いし、物価(ぶっか)は高いし、本当に住みにくい。

MEMO

## 107

## ～ながらに / ～ながらの ▶ ～인 채로, ～인 상태 그대로 / ～그대로의

접속 동사의 ます형·명사+ながらに/ながらの

의미 그 상태 그대로 어떤 상황이나 동작이 이루어진다는 의미를 나타낸다. 동사의 경우 「居(い)る」「生(う)まれる」, 명사는 「涙」「昔」「いつも」 등 제한적인 것에 붙어서 관용적으로 사용된다.

- 被災者(ひさいしゃ)たちは、当時の状況を涙ながらに語(かた)った。
- この町では、昔ながらの製法(せいほう)でしょうゆを作っている。
- 人権(じんけん)とは、人が生まれながらにしてだれもが持っている権利(けんり)である。

## 108

## ～ならいざしらず ▶ ～라면 몰라도

접속 동사의 기본형·명사+ならいざしらず

의미 「～ならいざしらず」 앞에 제시된 상황이라면 어쩔 수가 없지만, 실제로는 그렇지 않기 때문에 납득할 수 없다는 의미를 표현하기 위한 문형이다. 대조적인 내용이 등장하는 경우가 많다.

- パーティーに行くならいざしらず、会議にそんな派手(はで)な服装(ふくそう)で行くんですか。
- 子供ならいざしらず大(だい)の男が雷(かみなり)が怖(こわ)いなんて。
- 真夏(まなつ)ならいざしらず、真冬(まふゆ)に四方(しほう)を開けっぱなしにするなんて寒くないですか。

MEMO

## 109

## ～なり～なり ▶ ～하든 ～하든

**접속** [동사의 사전형・명사]＋なり＋[동사의 사전형・명사]＋なり

**의미** 유사한 내용을 예시하여 어느 한쪽을 선택한다는 의미를 나타낸다.

- 日本酒(にほんしゅ)なりワインなり、好きな物を飲んでください。
- 反対するなり賛成(さんせい)するなり、自分の意見を言ってください。
- 暇(ひま)なら、本を読むなりテレビを見るなりしたらどう？

## 110

## ～にかぎったことではない ▶ ～에 국한된 것은 아니다

**접속** 명사＋にかぎったことではない

**의미** 그것뿐 아니라 다른 것들도 많이 있다는 의미를 나타낸다.

- 今日に限(かぎ)ったことではないが、朝起きるのがつらい。
- 景気(けいき)が悪いのは日本にかぎったことではない。
- ストレスは大人(おとな)だけにかぎったことではない。

## 연습문제 ㉛

**問題　次の文の（　　）に入れるのに最もよいものを、1・2・3・4から一つ選びなさい。**

01　会社の命令（　　）従わざるを得ない。

1 とはいえ　2 とあれば　3 というより　4 ときたら

02　来月は暇なので休暇をとっても（　　）ないでしょう。

1 かぎり　2 さしつかえ　3 やりがい　4 めんぼく

03　体の不自由な人のことを考えれば、もう少し配慮があってしかる（　　）。

1 ことだ　2 はずだ　3 べきだ　4 わけだ

04　裁判で犯人は涙（　　）、自分の罪を認めた。

1 ながらに　2 ばかりに　3 のままに　4 かぎりに

05　困ったことがあるなら、先生（　　）友達（　　）相談することをお勧めします。

1 といい / といい　2 といえ / といえ　3 なり / なり　4 なら / なら

06　新入社員（　　）、入社５年目の君がこんなとんでもないミスをするなんて信じられないよ。

1 なるがゆえに　2 ならいざしらず　3 にさきがけて　4 のかいもなく

07　顧客の信頼は、地道な努力が（　　）はじめて得られるものだ。

1 あっての　2 あってこそ　3 あるからには　4 あろうとも

08　彼女は歌うために生まれたといっても（　　）。

1 言うきらいがある　2 言い過ぎではない

3 言うのはきりがない　4 言ってはいられない

09　妹（　　）しっかり父のご機嫌をとってお小遣いをもらっている。

1 ときたら　2 ということは　3 とはいえ　4 とおもいきや

10　今年に（　　）ことではないが、夏の暑さには閉口する。

1 かかせない　2 きわまる　3 そくした　4 かぎった

# 101-110 연습문제 32

**問題　次の文の（　　　）に入れるのに最もよいものを、1・2・3・4から一つ選びなさい。**

01　信号を無視して事故を起こすとは、重罪(じゅうざい)に処(しょ)せられて（　　　）。

1 いられない　　2 かなわない　　3 かたくない　　4 しかるべきだ

02　東京の物価の高さは、家賃(やちん)や交通費（　　　）。

1 にかかっている　　2 きわまりない
3 といったらない　　4 にかぎったことではない

03　初めて（　　　）、何回も来ているのに、また道に迷(まよ)うなんて信じられない。

1 とすれば　　2 ともなれば　　3 ならいざしらず　　4 なるがゆえに

04　お客様のご要望(ようぼう)、ご意見は電話（　　　）ファックス（　　　）で受(う)け付(つ)けております。

1 あれ / あれ　　2 なり / なり　　3 つつ / つつ　　4 たの / だの

05　インターネットが普及(ふきゅう)したおかげで、家に（　　　）、買い物ができるようになった。

1 いればこそ　　2 いるまでもなく　　3 いるのみならず　　4 いながらにして

06　申(もう)し込(こ)みの受付は、窓口(まどぐち)のみでなく郵送(ゆうそう)・ファックスでも（　　　）。

1 かないません　　2 きりがありません
3 さしつかえありません　　4 およびません

07　人気バンドの公演が入場無料（　　　）、大混雑(だいこんざつ)は間違いないだろうと予想して早めに着いた。

1 とあれば　　2 にとっては　　3 を問わず　　4 をもとに

08　まったくこのパソコン（　　　）すぐ故障するんだから、使い物にならないよ。

1 とあって　　2 となると　　3 ときたら　　4 とくるなり

09　コンピューターなくしては現代社会は成(な)り立(た)たないと言っても（　　　）。

1 かなわない　　2 やまない　　3 はばからない　　4 過言ではない

10　何回も失敗を経験してこそはじめて（　　　）。

1 悪い結果になることもあるのだ　　2 人間として成長するものだ
3 成功するとは限らない　　4 結果は関係ないのではなかろうか

## 101-110 연습문제 33

**問題　次の文の（　　　）に入れるのに最もよいものを、1・2・3・4から一つ選びなさい。**

01　となりに引っ越してきたら、一言の挨拶があって（　　　）べきだ。

1 さる　　2 しかる　　3 たる　　4 かかわる

02　季節の変わり目に体力が低下するのは、年寄り（　　　）。

1 といっても過言ではない　　2 にすぎない
3 にほかならない　　4 にかぎったことではない

03　部屋は駅に近いところなら、多少狭くても（　　　）。

1 かなわない　　2 さしつかえない　　3 わりきれない　　4 かぎりない

04　両親（　　　）、最近私の結婚のことばっかり気にしている。

1 とあれば　　2 になると　　3 ときたら　　4 にすると

05　彼は選挙に当選するため（　　　）実行できない公約もするだろう。

1 とあれば　　2 として　　3 とおもいきや　　4 というより

06　授業参観は保護者の社交場となるといっても（　　　）。

1 いいものを　　2 はなはだおかしい
3 はばからない　　4 過言ではない

07　外国で（　　　）はじめて自分の国のよさが分かってくる。

1 暮らして　　2 暮らしてまで
3 暮らすだけあって　　4 暮らしてさえ

08　生まれ（　　　）障害を抱えた子どもたちのための支援を強化するべきだ。

1 ながらも　　2 ながらで　　3 ながらに　　4 ながらは

09　大都市（　　　）、こんな小さい町に人形博物館なんて作っても、だれも来ませんよ。

1 ならいざしらず　　2 ともなると　　3 にもかかわらず　　4 でもしかたなく

10　自分で調べる（　　　）人に聞く（　　　）して早くレポートを仕上げなさい。

1 と / と　　2 こと / こと　　3 し / し　　4 なり / なり

MEMO

## 111

### ～に越(こ)したことはない ▶ ～하는 편이 좋다, ～하는 것이 제일이다

**접속** 동사·い형용사의 사전형/な형용사의 어간·명사+に越したことはない,
これ·それ·あれ+に越したことはない

**의미** 그렇게 하는 편이 상식적으로 생각하여 당연하다는 의미를 강조하여 나타낸다.

- 試験の前日(ぜんじつ)は早く寝るにこしたことはない。
- 自分の悩(なや)みは自分で解決するに越(こ)したことはない。
- 首相(しゅしょう)の外交(がいこう)発言は慎重(しんちょう)にこしたことはない。

## 112

### ～ねばならない ▶ ～하지 않으면 안 된다, ～해야 한다

**접속** 동사의 ない형+ねばならない

**의미** 「～なければならない」의 고풍스러운 표현이다. 이중 부정의 형식으로, 당연함이나 의무를 나타낸다. 「～ねばならぬ」로 쓰기도 하며, 「する」는 「せねばならない」가 된다. 또한, '～하지 않으면(부정의 조건)'이라는 의미를 나타내는 경우에는, 「～ねば」만을 사용하기도 한다.

- 遊園地(ゆうえんち)を利用する者は、管理者の指示(しじ)に従(したが)わねばならない。
- この病気は一刻(いっこく)を争(あらそ)って治療(ちりょう)を開始せねばならない。
- あの上司(じょうし)は、何でも自分で決めねば気がすまないようだ。

MEMO

## 113

### ～の至(いた)りだ ▶ ～의 극치이다, ～하기 그지없다

접속 명사+の至りだ

의미 정도가 매우 심하다는 느낌을 나타내는 고풍스런 표현이다. 「光栄(こうえい)(영광)」, 「赤面(せきめん)(창피함)」, 「恐縮(きょうしゅく)(죄송함, 황송함)」 「若気(わかげ)(젊은 혈기)」 등에 붙어 관용적으로 사용한다.

- このような立派(りっぱ)な賞(しょう)をいただきまして、光栄(こうえい)の至(いた)りです。
- こんな初歩(しょほ)的なミスをするとは、まったく赤面(せきめん)の至りだ。
- 大勢(おおぜい)の人に結婚を祝福(しゅくふく)してもらって、感激(かんげき)の至りだ。

## 114

### ～の極(きわ)みだ ▶ ～의 극치이다, 최고의 ～이다, ～하기 그지없다

접속 명사+の極みだ

의미 어떤 상태가 극에 달해 있다는 의미를 나타낸다. 「～の至りだ」와 「～の極みだ」는 같은 의미를 나타내는 표현이지만, 관용적으로 함께 사용하는 단어가 다른 경우가 많다. 「～の極みだ」는 「感激(かんげき)(감격)」 「ぜいたく(사치)」 「不幸(ふこう)(불행)」 「疲労(ひろう)(피로)」 등의 명사 뒤에 오는 경우가 많다.

- 今回の火災(かさい)で死者(ししゃ)が発生したのは痛恨(つうこん)の極(きわ)みです。
- あこがれの俳優(はいゆう)と握手(あくしゅ)できて、感激(かんげき)の極みだ。
- 祭(まつ)りの極みと言えば、やはりオリンピックでしょう。

MEMO

## 115

### ～べく ▶ ～하기 위해서

**접속** 동사의 사전형＋べく

**의미** 목적을 나타내는 표현으로, 「～ために」보다 딱딱한 느낌을 준다. 「するべく」는 「すべく」로 나타내기도 한다.

・社長は責任をとるべく辞任(じにん)した。

・志望校(しぼうこう)に合格(ごうかく)するべく頑張(がんば)っている。

・問題点を改善(かいぜん)すべく努力(どりょく)しております。

## 116

### ～まい ▶ ～하지 않겠다, ～하지 않을 것이다

**접속** 동사의 사전형＋まい(단, 동사의 2그룹과 3그룹은 「ない형」에 붙기도 함)

**의미** 주로 '～하지 않겠다(부정의 의지)' 또는 '～하지 않을 것이다(부정의 추측)'의 의미를 나타낸다.

**1. ～하지 않겠다〈부정의 의지〉**

・何があっても諦(あきら)めるまい。

・あの店はサービスが悪いから二度と行くまい。

**2. ～하지 않을 것이다〈부정의 추측〉**

・夕焼(ゆうや)けがきれいだから、明日は雨は降るまい。

・こんなむずかしい問題、子どもにはできるまい。

MEMO

## 117

## ～まみれ ▶ ～범벅, ～투성이

**접속** 명사＋まみれ

**의미** 물체의 표면 전체에 지저분한 것이 가득 붙어 있거나 덮혀 있는 상태를 나타낸다. 주로 「血(ち)(피)」 「汗(あせ)(땀)」 「ほこり(먼지)」 「泥(どろ)(진흙)」 등의 명사 뒤에 붙는다.

- 子供たちが泥(どろ)まみれになって遊んでいる。
- テーブルの上はほこりまみれだった。
- 試合(しあい)が終わって選手たちの服(ふく)はもう汗(あせ)まみれだ。

## 118

## ～ように ▶ ～하기를〈문말〉

**접속** 동사의 사전형＋ように / 동사의 ます형＋ます＋ように

**의미** 직설적으로 말하지 않으려는 우회적인 표현이다. 문장 뒤에 붙어서, '～해 주기를 바란다', '～해 주었으면 좋겠다'와 같은 희망, 의뢰, 가벼운 명령 등의 의미를 나타낸다.

- 一日も早くお元気になりますように。
- 今後ともよろしくご指導(しどう)くださいますように。
- もっと大きな声で返事(へんじ)をするように。

MEMO

## 119

### ～を限(かぎ)りに ▶ ～을 끝으로

**접속** 명사+を限りに

**의미** 주로 「今日」「今月」「今年」와 같은 시간 표현 뒤에 붙어서, 그 시점을 기준으로 이전의 상태가 끝난다는 의미를 나타낸다. 또한 관용적으로 '힘껏, 한도껏'의 의미로 사용되기도 하는데, 「声(こえ)を限りに(목청껏)」, 「力の限り(힘껏)」 등과 같이 쓰인다.

- 今日を限(かぎ)りにタバコをやめることにした。
- 野田(のだ)選手は今日の試合(しあい)を限りに引退(いんたい)する。
- このセールを限りに、当店は閉店(へいてん)することになりました。

**참고**

「～を限りに」와는 반대로, 어느 시점을 시작으로 어떠한 동작을 시작할 때는 「～を皮切(かわき)りに(～을 시작으로)」나 「～をきっかけに・～を契機(けいき)に・～を機(き)に(～을 계기로)」와 같은 표현을 사용한다. 「～を皮切りに」는 앞 문장과 '동일한 행위'를 연속적으로 시작할 때 사용하며, 「～をきっかけに・～を契機に・～を機に」는 앞 문장과 다른 '새로운 행위'를 시작할 때 사용한다. 「～を契機に」가 가장 딱딱한 느낌을 준다.

## 120

### ～を踏(ふ)まえて ▶ ～을 토대로, ～에 입각하여

**접속** 명사+を踏まえて

**의미** 무언가를 근거나 전제로 다음 단계로 나아간다는 의미를 나타낸다. 「経験」「成果」「結果」「状況」 등의 표현에 주로 붙는다.

- 現在の経済(けいざい)状況をふまえて、景気(けいき)対策を検討(けんとう)する。
- 現状(げんじょう)を踏(ふ)まえて今後の計画を考え直すべきだ。
- これまでの反省(はんせい)を踏まえて、来期(らいき)の方針(ほうしん)を決めたい。

## 111-120 연습문제 34

**問題　次の文の（　　　）に入れるのに最もよいものを、1・2・3・4から一つ選びなさい。**

**01** 今月を（　　　）彼女は芸能界(げいのうかい)を引退(いんたい)するそうだ。

1 先立って　　2 際して　　3 限って　　4 限りに

**02** 何回買っても当たらない宝(たから)くじは、もう（　　　）。

1 買いたい　　2 買うまい　　3 買うはずだ　　4 買うしかない

**03** 過去の経験を（　　　）、慎重(しんちょう)に計画を練(ね)らねばならない。

1 かわきりに　　2 よそに　　3 ふまえて　　4 おいて

**04** 部屋の掃除をしていると、押入(おしい)れの奥からほこり（　　　）の古いアルバムが見つかった。

1 ぎみ　　2 がち　　3 まみれ　　4 ばかり

**05** この仕事は経験がなくてもかまわないが、もちろん（　　　）。

1 あるともかぎらない　　2 あるにこしたことはない

3 あるに相違ない　　4 なくてはならない

**06** お客様のご要望に（　　　）、高品質(こうひんしつ)の商品作(づく)りに努(つと)めて参ります。

1 対応すべく　　2 対応しまいと　　3 対応するはおろか　　4 対応すべからず

**07** 地球環境(かんきょう)問題は未来を考える人ならば誰もが真剣(しんけん)に（　　　）問題です。

1 取り組むには及ばない　　2 取り組むに値しない

3 取り組むわけにはいかない　　4 取り組んでいかねばならない

**08** 今年もあなたとご家族にとって素晴らしい年になります（　　　）。

1 ばかりに　　2 らしく　　3 ように　　4 そうに

**09** 本件につきまして皆さんにご迷惑をおかけしまして恐縮(きょうしゅく)の（　　　）でございます。

1 ずくめ　　2 だらけ　　3 いたり　　4 ばかり

**10** 父親の失業で、一家は貧困(ひんこん)の（　　　）に陥(おちい)った。

1 あげく　　2 きざし　　3 きわみ　　4 しまい

## 111-120 연습문제 35

**問題　次の文の（　　　）に入れるのに最もよいものを、1・2・3・4から一つ選びなさい。**

01 今年の入試で、どうか第一希望に合格できます（　　　）。

1 ところを　　2 ように　　3 ものか　　4 はずだ

02 明日の会議は欠席してもかまわないが、出席できればそれに（　　　）。

1 越すことはない　　2 越したことではない

3 越したことはない　　4 越すということだ

03 経営戦略の樹立にあたっては、常に現実（　　　）判断が必要だ。

1 にわたった　　2 に及ばず　　3 を踏まえた　　4 をおいて

04 彼は会議に間に合わせる（　　　）、報告書の作成に取り組んでいる。

1 だに　　2 べく　　3 より　　4 とは

05 親に負担を（　　　）としてアルバイトをして生活費を稼いだ。

1 かけまい　　2 かけよう　　3 かけすぎない　　4 かける一方だ

06 毎日汗（　　　）になって働いても、ちっとも生活は楽にならない。

1 がてら　　2 まみれ　　3 の極み　　4 一方

07 「がんばれ！ がんばれ！」と、みんなは声（　　　）自分のチームに声援を送った。

1 にひきかえ　　2 にかまけて　　3 をかぎりに　　4 をもって

08 卒業期を迎え、論文を提出（　　　）ならず、忙しい毎日が続いている。

1 しては　　2 するも　　3 しても　　4 せねば

09 今回このような栄誉ある賞を賜りましたことは、身に余る光栄であり、感激（　　　）でございます。

1 のせい　　2 の至り　　3 の上　　4 あまり

10 わが市で今回の国際大会を催すことになったのは、私どもにとって喜びの（　　　）でございます。

1 きわみ　　2 かぎり　　3 あげく　　4 しまつ

## 연습문제 36

**問題 1 次の文の（　　）に入れるのに最もよいものを、1・2・3・4から一つ選びなさい。**

01 この事件は複雑だから、そう簡単には（　　）。

1 解決するだろう　2 解決しきれる　3 解決するまい　4 解決しかねない

02 今村部長は今日（　　）職場を去る。

1 をかぎりに　2 をかわきりに　3 を機に　4 をきっかけに

03 市場調査（　　）製品の開発を進めなければならない。

1 にあって　2 をこめて　3 にそなえて　4 をふまえて

04 目標はもちろん試験に合格することだが、高い点数が取れるに（　　）。

1 こしたことはない　2 こすことはない　3 こしたこともない　4 こすこともない

05 地震により、瓦礫の下敷きとなった人々を救う（　　）、日本からも救助隊が派遣された。

1 から　2 べく　3 ので　4 ゆえ

06 A「パソコンのトラブルでデータを失ってしまったよ。レポート、急いでいたのに。」
B「大変ね。締め切りの今日こそ何も起きません（　　）。」

1 から　2 とか　3 ものを　4 ように

07 子どもたちはふかふかの雪に大喜びで、全身雪（　　）になりながら楽しく遊んでいる。

1 ずくめ　2 まみれ　3 ばかり　4 ぎみ

08 本会の会員は会費を納付（　　）ならない。

1 すねば　2 せねば　3 しねば　4 するねば

09 専門家の方々に私の作品をおほめいただき、まことに（　　）至りでございます。

1 幸せな　2 嬉しい　3 喜ぶ　4 光栄の

10 彼女は身内の看病に心身ともに疲労（　　）に達していた。

1 ずくめ　2 のあげく　3 の境　4 の極み

## 총정리문제 ❹

**問題 1 次の文の（　　　）に入れるのに最もよいものを、1・2・3・4から一つ選びなさい。**

1 この通りには昔（　　　）町並みや素朴な雰囲気がそのまま残っており、たくさんの人が訪れる。

1 かぎりの　2 ならではの　3 ながらの　4 ならの

2 近頃の若者（　　　）、お年寄りにちっとも席を譲ろうとしない。

1 というより　2 とくれば　3 とあれば　4 ときたら

3 頼み方（　　　）あの人もこのプロジェクトを手伝ってくれるかもしれない。

1 次第では　2 次第には　3 次第に　4 次第も

4 新築のマンションを購入した。今月（　　　）長年すみ続けてきたこの家ともお別れだ。

1 をもとに　2 をかぎりに　3 をかわきりに　4 をおして

5 会社の大切な取引先（　　　）、失礼のないように細心の注意を払わなければならない。

1 とあれば　2 をもって　3 といえども　4 というより

6 こんなに遠くまで足を運んでいただき恐縮の（　　　）。

1 ずくめです　2 ほどです　3 いたりです　4 はずです

7 父母とその未婚の子供（　　　）家族を核家族という。

1 からなる　2 となる　3 もなる　4 でもなる

8 無名の新人選手が優勝するなんて、予想（　　　）しなかった。

1 のみ　2 ばかり　3 だに　4 まで

**9** いろいろ調査したとのことだが、結局事故の原因は（　　　）じまいであった。

1 わかる　　2 わからず　　3 わからぬ　　4 わからない

**10** 自然はあるのが当然だと思っていたが、（　　　）はじめてその大切さが分かるようになった。

1 失うからには　　2 失うからとて　　3 失ってまで　　4 失ってこそ

**11** もう終わった（　　　）、くよくよしても仕方がないよ。

1 ことにも　　2 ことでも　　3 ことから　　4 ことだし

**12** 重い荷物を運んでいると、汗（　　　）になってしまった。

1 まみれ　　2 ばかり　　3 ずくめ　　4 のみ

**13** 海外旅行中の子どもが心配だ。どうか無事帰ります（　　　）。

1 ものを　　2 ように　　3 ことか　　4 とは

**14** インフルエンザの感染（かんせん）経路を明らかに（　　　）調査が行われた。

1 すべく　　2 すべからざる　　3 するはおろか　　4 しまいと

**15** レポートの締め切りは明日の午後5時だが、早めに出せればそれに（　　　）。

1 かいがない　　2 過言ではない

3 越したことはない　　4 すぎない

**16** ご承知（しょうち）の（　　　）、今年で本学は創立（そうりつ）50周年を迎えます。

1 なりに　　2 きり　　3 ごとく　　4 まま

**17** 敬語（けいご）を間違えるのは子供（　　　）。

1 にあるまじきことだ　　2 にかぎったことではない

3 というものではない　　4 に越したことはない

18 人のものを壊してしまったのだから、弁償(べんしょう)せず（　　　）すまないだろう。

1 にも　　2 とも　　3 とは　　4 には

19 市をとりまく現状（　　　）、開発方針を検討していく必要がある。

1 をかぎりに　　2 をふまえて　　3 をこめて　　4 をめざして

20 休みには映画を見る（　　　）ショッピングをする（　　　）して、気分転換を図った方がいい。

1 なら / なら　　2 なり / なり　　3 たら / たら　　4 も / も

問題 2 次の文の ＿★＿ に入る最もよいものを１・２・３・４から一つ選びなさい。

21 こんな ＿＿ ＿＿ ＿★＿ ＿＿ 大学進学は無理にきまっている。

1 ようでは　　2 すら　　3 簡単な問題　　4 解けない

22 各地で小規模の地震(じしん)が続いている。これでは近いうちに ＿＿ ＿＿ ＿★＿ ＿＿ と不安でたまらない。

1 大地震が起こる　　2 ではあるまい　　3 か　　4 の

23 草刈(くさかり)の ＿＿ ＿＿ ＿★＿ ＿＿ 服を用意してください。

1 際には　　2 長袖の　　3 汚れても　　4 差(さ)し支(つか)えない

24 朝から雪が降っている。＿＿ ＿★＿ ＿＿ ＿＿ ましかもしれない。

1 こんなに　　2 風が吹かない　　3 寒いのに　　4 だけ

25 締め切り間近(まぢか)で忙しいのだから ＿＿ ＿＿ ＿★＿ ＿＿ あの人はわたしの仕事をちっとも手伝おうともしない。

1 少しぐらいは　　2 協力して　　3 いいだろうに　　4 くれても

**26** 当ホテルでは、お部屋にも、お食事にも ＿＿＿ ＿★＿ ＿＿＿ ＿＿＿ べく特別プランをご用意致しました。

1 お客様の　　2 ご要望に　　3 こだわりたい　　4 お応えする

**27** 今回のことについては、メーカー側の対応のまずさがあったことは否定(ひてい) ＿＿＿ ＿★＿ ＿＿＿ ＿＿＿ べきだと思う。

1 謝罪(しゃざい)が　　2 あって　　3 できないので　　4 しかる

**28** 実際に ＿＿＿ ＿＿＿ ＿★＿ ＿＿＿ だけでどんな内容なのかピンとくる人は少ないと思います。

1 見た　　2 読んだ　　3 本のタイトルを　　4 人ならいざしらず

**29** この問題集は、400 ページから ＿＿＿ ＿＿＿ ＿★＿ ＿＿＿ あれば、だれでも出来る。

1 分厚(ぶあつ)い　　2 なる　　3 やる気さえ　　4 ものだが

**30** 私の不始末(ふしまつ)で大変なことになってしまった ＿＿＿ ＿★＿ ＿＿＿ ＿＿＿ と思う。

1 責任を　　2 すまない　　3 のだから　　4 取らないでは

**31** 困ったとき、＿＿＿ ＿★＿ ＿＿＿ ＿＿＿ 言えるのではないかと思う。

1 本当の友達と　　2 こそ　　3 力になって　　4 はじめて

**32** 主人も定年退職したのだから、高木(たかぎ)社長に ＿＿＿ ＿＿＿ ＿★＿ ＿＿＿ しよう。

1 限りに　　2 贈るのは　　3 お中元(ちゅうげん)を　　4 今年を

**33** 志望の ＿＿＿ ＿＿＿ ＿★＿ ＿＿＿ 極みです。

1 もらえるとは　　2 大学に入れて　　3 感激の　　4 奨学金(しょうがくきん)まで

34 隠していれば ＿＿＿ ＿★＿ ＿＿＿ ＿＿＿ からばれたのだ。

1 机の上に　2 置いておく　3 だろうに　4 見つからない

35 今の日本の農村は ＿＿＿ ＿＿＿ ＿★＿ ＿＿＿ ありません。

1 といっても　2 守られている　3 過言では　4 高齢者によって

36 清水（しみず）さんは、久しぶりの旅行を楽しみにしていた。ところが、急に仕事が入り ＿＿＿ ＿＿＿ ＿★＿ ＿＿＿ まったく同情を禁じ得ない。

1 キャンセルせねばならなかった　2 そうで

3 予約した　4 旅行を

37 日本を代表するような大企業が倒産（とうさん）する ＿＿＿ ＿＿＿ ＿★＿ ＿＿＿ しなかったことが起きている。

1 だれも　2 想像　3 など　4 だに

38 図書館から本をたくさん借りたのは ＿＿＿ ＿＿＿ ＿★＿ ＿＿＿ 終わった。

1 時間がなく　2 読まず　3 じまいに　4 よいが

39 今や情報化時代。わざわざ ＿＿＿ ＿★＿ ＿＿＿ ＿＿＿ して世の中の動きが分かるようになった。

1 自宅に　2 居（い）ながらに　3 までもなく　4 現地（げんち）に行く

40 この地域の治安は悪くはない ＿＿＿ ＿★＿ ＿＿＿ ＿＿＿ ことはないでしょうね。

1 に越した　2 やはり　3 注意する　4 そうですが

**問題 3　次の文章を読んで、文章全体の趣旨を踏まえて、[41] から [50] の中に入る最もよいものを、1・2・3・4から一つ選びなさい。**

昼間の電車内で見るスーツ姿のサラリーマンは汗 [41] で、何か哀(あわ)れだ。猛暑(もうしょ)の中、これからオフィス街を営業で歩き回るのだと思うと、同情 [42] 。行政主導でノーネクタイ運動が展開されるが、経済大国の慣習に合わないのか、一向に定着しない。

誰もが承知の [43] 、日本はエネルギー資源を輸入に頼っている。貴重な石油などを燃料に電気を起こし、冷房しているわけだが、スーツ姿でいるために冷房を利(き)かすのは資源の浪費以外のなにものでもない。まさに無駄のきわみであると言わざるをえない。

企業戦士の社会では、真夏であろうと正装のスーツ姿で人と会うのがマナーであり、商談成立の鍵(かぎ)といわれる。スーツを着ていないと信用されないのだろうか。

[41]

1 ずくめ　　2 まみれ　　3 いたり　　4 ほうだい

[42]

1 にかぎる　　2 に値しない

3 に越したことはない　　4 にたえない

[43]

1 ごとく　　2 なりに　　3 ばかりに　　4 かたわら

近年、情報家電や携帯機器などをはじめとした多くの製品分野において、半(はん)導体(どうたい)チップとソフトウェアの重要性が高まっている。機械製品の代表であった自動車ですら、多様な半導体チップやソフトウェア［44］電子部品がいまや100程度も搭載(とうさい)されている。そのような電子部品が製品の高機能化、低コスト化に果たす役割は大きく、日本の電子製品、機械製品の競争力を支える重要な要素となっている。しかし、その役割が増大する［45］、こういった部品の大規模化や複雑化が進んでおり、開発コストの増大、製品不具合の発生といった深刻な問題も起こしている。

［44］

1 からある　　2 だけする　　3 からなる　　4 だけある

［45］

1 に対して　　2 にともなって　　3 に反して　　4 について

子供の就寝(しゅうしん)時間が遅くなってきているという。我が家には3人の子供がいる。子育て中は、絵本を読み聞かせながら、夜9時には私も一緒に寝ていた。

昼間は自分一人の時間が思うように作れないため、朝刊が届く午前3時半ごろに起床し、新聞に目を通したり、家計簿や日記をつけたりした。時間があれば、編み物などをし、子供たちが起きてくるまで、一人、自由な時間を過ごしたものである。

時代が変わったと言えば［46］が、子育て中は親の生活に子供を付き合わせるのではなく、親が子供の生活のリズムに合わせるべきだと思う。早寝早起きを習慣づけるのは、子供の健康を守る基本と言っても［47］のだ。

［46］

1 最後までだ　　2 それまでだ　　3 それぞれだ　　4 極まりない

［47］

1 かなわない　　2 禁じえない　　3 過言ではない　　4 かかせない

数年使った電気かみそりの調子が悪いので、修理に出したところ、内蔵(ないぞう)充電池の消耗で、電池の交換に5000円ほどかかると言われた。それだけ出せばそこそこの新品が買える。他の部分はそれほど傷(いた)んでいないのに、残念の 48 だったが捨てた。

この経験 49 、以来、私は乾電池式のかみそりを使うことにした。乾電池なら消耗してもすぐ代わりの乾電池が手に入る。それに、通常の乾電池の代わりに、繰り返し充電できるタイプの乾電池を使えば、何より経済的だ。

ほんの小さな部品の交換で生(い)き返(かえ)る 50 、修理代が高いために、あえてゴミとしてしまうのは忍(しの)びがたい。

48

1 しまつ　　2 あげく　　3 いかん　　4 きわみ

49

1 に及ばず　　2 をふまえて　　3 のかぎり　　4 にわたって

50

1 だろうに　　2 だけましで　　3 も同然で　　4 までで

해석보기

PART5

학습 우선도로 나눈 **N1 능시문법**

# 121-150

121 **～か否(いな)か** ~인지 아닌지

122 **～きる / ～きれる / ～きれない**
전부 ~하다 / 전부 ~할 수 있다 / 전부 ~할 수 없다

123 **～そびれる** ~못하고 말다, ~에 실패하다

124 **～つ～つ** ~하거니 ~하거니

125 **～つつある** ~하고 있다

126 **～てはばからない** ~하기를 주저하지 않는다

127 **～てみせる** ~하고야 말겠다, ~하겠다

128 **～というものだ / ～というものではない**
(바로) ~인 것이다 / (반드시) ~인 것은 아니다

129 **～といわず～といわず** ~며 ~며 할 것 없이

130 **～としたところで** ~라고 할지라도, ~라고 해야

131 **～とみえる / ～とみえて**
~한 것 같다 / ~한 것인지

132 **～に言(い)わせれば・～に言(い)わせると**
~에게 말하라고 한다면, ~의 의견으로는

133 **～にかかっている** ~에 달려 있다

134 **～にかこつけて** ~을 구실로, ~을 구실 삼아

135 **～にかたくない** 간단히 ~할 수 있다

136 **～にすれば・～にしたら** ~이라면, ~입장에서는

137 **～にとどまらず** ~에 그치지 않고

138 **～にのぼる** ~에 달하다〈수량〉, ~에 오르다〈화제〉

139 **～には及(およ)ばない**
~할 것까지도 없다, ~에 미치지 못한다

140 **～によるところが大(おお)きい**
~에 의한 바가 크다, ~에 힘입은 바가 크다

141 **～ばかりになっている** ~하기만 하면 된다

142 **～はさておき** ~은 어쨌든, ~은 제쳐두고

143 **～はしない** ~하지는 않는다(~하지는 않겠다)

144 **～べくして** ~할 만해서

145 **～べくもない** (도저히) ~할 수 없다, ~할 방도가 없다

146 **～めく** ~한 듯한 느낌이 들다

147 **～を受(う)けて** ~(의 영향)을 받아, ~을 받아들여

148 **～をおして** ~을 무릅쓰고

149 **～を機(き)に** ~을 계기로, ~을 기회로

150 **～を経(へ)て** ~을 거쳐

MEMO

## 121

### ～か否(いな)か ▶ ～인지 아닌지

접속 동사･い형용사･な형용사･명사의 보통형＋か否か
(다만, な형용사와 명사의 「だ」는 붙지 않는 경우가 많다)

의미 명확히 판단을 내릴 수 없다는 불확실성을 나타낸다.

- できるか否(いな)か、やってみなければ分からない。
- 結婚するべきか否か迷(まよ)っている。
- 相手の言(い)い分(ぶん)が本当か否かは確認(かくにん)できない。

## 122

### ～きる / ～きれる / ～きれない

▶ 전부 ～하다 / 전부 ～할 수 있다 / 전부 ～할 수 없다

접속 동사의 ます형＋きる/きれる/きれない

의미 「～きる」는 '전부 ～하다', '완전히 그렇게 하다' 라는 강조의 의미를 갖는다. 「～きれる」는 '전부 ～할 수 있다', 그리고 「～きれない」는 '전부 ～할 수 없다'는 의미로 사용된다.

- 持っているお金は全(すべ)て使いきった。
- 旅先(たびさき)で財布(さいふ)をすられて困りきってしまった。
- その本、今日中(じゅう)に読み切れるの？
- こんなにたくさんの料理、とても食べきれませんね。

MEMO

## 123

### ～そびれる ▶ ～못하고 말다, ～에 실패하다

**접속** 동사의 ます형+そびれる

**의미** 어떤 일을 할 기회를 놓쳐서, 그것을 하려고 해도 할 수 없다는 의미를 표현한다. 「言(い)いそびれる(말을 못하고 말다)」「寝(ね)そびれる(잠을 설치다)」「食(た)べそびれる(먹지 못하다)」 등의 표현이 있다.

・寝坊(ねぼう)して朝食(ちょうしょく)を食べそびれた。

・周(まわ)りがうるさくて、寝そびれてしまった。

・前から欲(ほ)しかったかばんを買いそびれてしまった。

## 124

### ～つ～つ ▶ ～하거니 ～하거니, ～하기도 하고 ～하기도 하고

**접속** 동사의 ます형+つ+동사의 ます형+つ

**의미** 「～たり～たり」와 같이 동작의 반복을 나타낸다. 관용적으로 쓰이며, 대조적인 내용의 동사를 나란히 사용하는 경우가 많다.

・濃(こ)い霧(きり)の向(む)こうに、山が見えつ隠(かく)れつしていた。

・世の中は持ちつ持たれつ、お互(たが)いに助(たす)け合(あ)っていきましょう。

・彼女は出来上(できあ)がった作品をためつすがめつしていた。

MEMO

## 125

## ～つつある ▶ ～하고 있다

접속 동사의 ます형+つつある

의미 어떠한 변화가 점점 진행되고 있다는 상태를 나타낸다.

- 新しいビルが完成(かんせい)しつつある。
- 窓から山の向(む)こうに沈(しず)みつつある夕日(ゆうひ)を眺(なが)める。
- 人口(じんこう)の増加(ぞうか)とともに、この町の住宅事情(じゅうたくじじょう)は悪くなりつつある。

## 126

## ～てはばからない ▶ ～하기를 주저하지 않는다

접속 동사의 て형+はばからない

의미 거리낌없이 당당하게 행동하거나 말하는 경우에 사용한다. 동사「はばかる(거리끼다, 꺼리다)」의 부정형이 문법화된 표현이다.

- 彼は自分の作品を傑作(けっさく)だと言ってはばからない。
- 彼は次の選挙(せんきょ)では必ず当選(とうせん)すると公言(こうげん)してはばからない。
- あの画家(がか)は自(みずか)らを天才(てんさい)と称(しょう)してはばからなかった。

MEMO

## 127

### ~てみせる ▶ ~하고야 말겠다, ~하겠다

**접속** 동사의 て형+みせる

**의미** 반드시 그렇게 하겠다는 화자의 강한 의지를 나타낸다.

- 絶対成功して、みんなにあっと言わせてみせる。
- みんなの前で約束した以上、絶対に守(まも)ってみせる。
- 「僕はきっと成功してみせる」と彼は友人(ゆうじん)に言った。

## 128

### ~というものだ / ~というものではない

▶ (바로) ~인 것이다 / (반드시) ~인 것은 아니다

**접속** 동사·い형용사의 보통형+というものだ/というものではない,
な형용사의 어간·명사+というものだ/というものではない

**의미** 「~というものだ」는 말하는 사람이 당연하다고 생각하는 내용을 강조하여 나타내는 표현이다. 일반적으로 널리 받아들여질 수 있는 상식적인 일을 나타내는 경우가 많다. 「~というものではない」는 반드시 그렇다고 단정할 수는 없다는 부분 부정의 의미를 나타내며, 「~というものだ」의 부정에 해당한다. 즉 「~というものだ」는 긍정적인 자기주장, 「~というものではない」는 부정적인 자기주장으로 기억하면 좋다.

1. ~というものだ

- 難しいからこそやりがいがあるというものだ。
- 夜中(よなか)の2時に電話をかけるのは非常識(ひじょうしき)というものだ。

2. ~というものではない

- 商品(しょうひん)は、単(たん)に値段(ねだん)が安ければ売れるというものではない。
- 勉強する時間が長ければ長いほど、成績(せいせき)が上がるというものではない。

MEMO

## 129

### ～といわず～といわず ▶ ～며 ～며 할 것 없이

접속 명사+といわず+명사+といわず

의미 예외 없이 전부 그러한 상태라는 것을 강조한다.

・弟の部屋は机(つくえ)の上といわず下といわず、紙(かみ)くずだらけだ。

・父は、日本酒(にほんしゅ)と言わずビールと言わず、酒には目がない。

・この映画は子供といわず大人といわずみんなで楽(たの)しめる。

## 130

### ～としたところで ▶ ～라고 할지라도, ～라고 해야

접속 동사·い형용사·な형용사·명사의 보통형+としたところで
(다만, な형용사와 명사의「だ」는 붙지 않는 경우가 많다)

의미 설령 그렇게 된다고 할지라도 결국은 기대나 예상대로 되지 않는다는 의미를 나타낸다. 뒤에는 부정적인 표현이 따른다는 것을 기억해두자. 비슷한 표현으로「～としたところで (～としたって, ～としても)」,「～にしたところで (～にしたって, ～にしても)」등이 있다. 이 때「と+したところで」와「に+したところで」의 접속 형태는 같다.

・高いとしたところで、せいぜい一万円だろう。

・発表の準備(じゅんび)はすべてできたとしたところで、不安は残(のこ)る。

・あなたとしたところで、責任(せきにん)がないわけではない。

・歌が得意(とくい)にしたところで、歌手(かしゅ)になれるレベルではない。

## 121-130 연습문제 37

**問題　次の文の（　　　）に入れるのに最もよいものを、1・2・3・4から一つ選びなさい。**

**01** 勝負は、「絶対に（　　　）」という一念(いちねん)が勝利をもたらす原動力(げんどうりょく)である。

1 勝ってみせる　　2 勝ってやまない
3 勝つものと思われる　　4 勝つわけにはいかない

**02** たった1時間の説明では、とてもこの機械の使い方を説明（　　　）。

1 しうる　　2 しそうだ　　3 したはずだ　　4 しきれない

**03** 友人は暇(ひま)を見つけては、国内（　　　）海外（　　　）旅(たび)に出かけていく。

1 というか / というか　　2 といわず / といわず
3 といえ / といえ　　4 といって / といって

**04** どちらに（　　　）事態の深刻(しんこく)さが変わるわけではないのだ。

1 するところで　　2 するもので　　3 したところで　　4 したもので

**05** 今回の景気対策が有効(ゆうこう)で（　　　）、結果が出るのはまだ先(さき)のことでしょう。

1 あるかいなか　　2 あるまでで　　3 あるのみならず　　4 あったからか

**06** A地区では宅地開発が進んでおり、道路や公園などの公共施設が（　　　）。

1 整備させられそうになる　　2 整備されつつある
3 整備させ続ける一方だ　　4 整備し始めたばかりだ

**07** 久しぶりに会った友人と日本酒を（　　　）、夜(よ)を明(あ)かした。

1 差しつ差されつ　　2 差し差され
3 差すも差されるも　　4 差すとは差されるとは

**08** 商品を販売する時は、単に値段が安ければいい（　　　）、品質を第一に考えるべきだ。

1 としたものではなく　　2 というものではなく
3 としたもので　　4 というもので

**09** 料理研究家の森田(もりた)さんは、京料理(きょうりょうり)は世界一と言って（　　　）。

1 いいかねない　　2 かたくない　　3 かなわない　　4 はばからない

**10** 会場のアナウンスは意外なほど音が小さく、つい（　　　）そびれてしまった。

1 聞く　　2 聞いて　　3 聞き　　4 聞いた

# 121-130 연습문제 38

**問題　次の文の（　　）に入れるのに最もよいものを、1・2・3・4から一つ選びなさい。**

**01** ちょっとしたお礼を（　　）相手を怒(おこ)らせてしまった。

1 言いかけて　　2 言いそびれて　　3 言ったつもりで　　4 言ったものだから

**02** バレーボールの決勝戦は、（　　）の大接戦(だいせっせん)で、見ているだけでもはらはらした。

1 追いつ追われつ　　2 追うや追われるや

3 追うなり追われるなり　　4 追うだに追われるだに

**03** 展示会にはたくさんの作品が並んでいて、たった2時間では全部の作品を（　　）だろう。

1 見きれない　　2 見つけない　　3 見かねない　　4 見かけない

**04** 定年(ていねん)まで働く（　　）、老後(ろうご)の生活の保障(ほしょう)があるわけではない。

1 にしては　　2 かと思うと　　3 としたところで　　4 にはかかわりなく

**05** 息子(むすこ)は、手（　　）足（　　）、全身傷(きず)だらけになって帰ってきた。

1 といわず / といわず　　2 によらず / によらず

3 というか / というか　　4 においても / においても

**06** 近年、環境への貢献(こうけん)が、いい企業の条件の一つと（　　）ようだ。

1 しうる　　2 なりうる　　3 しつつある　　4 なりつつある

**07** 難民を（　　）盛(さか)んに議論が交(か)わされている。

1 受け入れるからには　　2 受け入れるにしては

3 受け入れるかいなか　　4 受け入れてはじめて

**08** 店を始めたばかりだが、いずれは皆に「この店の料理は素晴らしい」と（　　）。

1 言わせてみせる　　2 言ったまでだ　　3 言うはずもない　　4 言いようがない

**09** 新しく就任(しゅうにん)した財務相(ざいむしょう)は、消費税増税(ぞうぜい)を（　　）はばからなかった。

1 公言する　　2 公言した　　3 公言して　　4 公言せず

**10** こんな遅い時間に電話をかけてくるなんて、非常識という（　　）。

1 はずだ　　2 ことだ　　3 ようだ　　4 ものだ

## 121-130 연습문제 39

**問題　次の文の（　　　）に入れるのに最もよいものを、1・2・3・4から一つ選びなさい。**

01　こんなたくさんの料理は、二人では（　　　）。

1 食べるほかない　　2 食べきれない　　3 食べるまい　　4 食べざるをえない

02　デートの食事代は男性が払う（　　　）否(いな)かについてはさまざまな意見がある。

1 べく　　2 べき　　3 べくも　　4 べきか

03　その候補(こうほ)は、今回の選挙に必ず当選(とうせん)して（　　　）と断言(だんげん)した。

1 みえる　　2 みせる　　3 みさせる　　4 みられる

04　師走(しわす)をまぢかに控え、週末（　　　）平日（　　　）送別会、忘年会が目白押(めじろお)しとなっている。

1 といわず / といわず　　2 というか / というか

3 といった / といった　　4 といえど / といえど

05　その問題は解決した（　　　）、納得していない人は大勢(おおぜい)いると思う。

1 につけても　　2 としたところで　　3 にいたっては　　4 もさることながら

06　都心では子供が少なくなってきていることから、学校の数も減り（　　　）。

1 きらいだ　　2 がちだ　　3 つつある　　4 始末だ

07　定期購読(こうどく)の場合、売り切れによる（　　　）や買い忘れの心配がありません。

1 買い控え　　2 買いそびれ　　3 買いだめ　　4 買い放題

08　二人の選手は、（　　　）しながら、ゴールまで来た。

1 抜きつ抜かれつ　　2 抜いても抜かれても

3 抜くなり抜かれるなり　　4 抜くにしろ抜かないにしろ

09　せまい歩道に自転車を置いたままにするのは迷惑（　　　）。

1 からなる　　2 というものだ　　3 ものがある　　4 としたところだ

10　この本の著者は、報酬(ほうしゅう)は最大のモチベーションだと断言して（　　　）。

1 きりがない　　2 かなわない　　3 はばからない　　4 さしつかえない

MEMO

## 131

### ～とみえる / ～とみえて ▶ ～한 것 같다 / ～한 것인지

접속 동사·い형용사·な형용사의 보통형＋とみえる/とみえて

의미 눈으로 보아 그렇게 보이거나, 그러한 느낌이 든다는 의미를 나타낸다. 주로「～とみえて(～한 것인지)」의 형태로 쓰인다.

- 彼女はどうやら山田君と付(つ)き合(あ)う気はないとみえる。
- 失敗したとみえて浮(う)かぬ顔(かお)をしている。
- となりの人は音楽が好きだとみえて、毎日聞いている。

## 132

### ～に言(い)わせれば・～に言(い)わせると

▶ ～에게 말하라고 한다면, ～의 의견으로는

접속 명사＋に言わせれば・に言わせると(주로 사람을 나타내는 명사 뒤에 붙음)

의미 어떠한 사람의 의견이나 입장을 강조하여 인용할 때 사용한다. 이 때 인용하는 의견은 단정적이며 확실한 경우가 많다.

- 10,000 円という値段(ねだん)は、父に言わせれば安い方らしい。
- 私に言わせれば、彼は天才(てんさい)というより努力家(どりょくか)である。
- 大人に言わせると、私の悩(なや)みなどつまらないことなのだろう。

MEMO

## 133

### ～にかかっている ▶ ～에 달려 있다

접속 명사+にかかっている

의미 그것이 매우 중요해서, 그것에 의해 결정된다는 의미를 나타낸다.

- 彼を説得(せっとく)できるかどうかは、あなたの熱意(ねつい)にかかっている。
- 会社の発展は、社員の働(はたら)きいかんにかかっている。
- 今度の計画(けいかく)には会社の将来(しょうらい)がかかっている。

## 134

### ～にかこつけて ▶ ～을 구실로, ～을 구실 삼아

접속 명사+にかこつけて

의미 직접적인 이유나 원인이 아닌데도 그것을 핑계로 자신의 행동을 정당화한다는 의미를 나타낸다.

- 研修(けんしゅう)にかこつけて海外旅行に行く。
- 大雪(おおゆき)にかこつけて、会社を休んだ。
- 寝るのが遅かったことにかこつけて朝寝(あさね)をした。

MEMO

## 135

### ～にかたくない ▶ 간단히 ～할 수 있다, ～하고도 남는다

**접속** 동사의 사전형·명사+にかたくない

**의미** 그 일을 하는 것은 어려운 일이 아니라는 의미를 나타낸다. 주로, 「察するにかたくない(헤아리고도 남는다)」「想像(する)にかたくない(상상이 되고도 남는다)」와 같은 관용적 표현으로 쓰인다.

- 彼が会社の秘密を外部にもらしたことは想像にかたくない。
- 外国に子供を留学させている親の心配は、察するにかたくない。
- 彼女がどんなに自尊心を傷つけられたかは想像にかたくない。

## 136

### ～にすれば・～にしたら ▶ ～이라면, ～입장에서는

**접속** 명사+にすれば・にしたら

**의미** 앞에 제시된 명사의 입장에서 말하자면, 뒤에 오는 내용이 된다는 의미를 나타낸다.

- その出来事は私にすれば驚きだった。
- 子供がいくつになっても、親にしたらまだ子供なのだ。
- 夜 10 時は、早寝早起きの彼女にしたら、もう眠っている時間だ。

MEMO

## 137

### ～にとどまらず ▶ ～에 그치지 않고

접속 명사+にとどまらず

의미 그것 뿐 아니라 더욱 넓은 범위에까지 상황이 전개된다는 의미를 표현한다.

・彼女は、日本国内にとどまらず、海外でも活躍(かつやく)している。

・祭(まつ)りの参加者は、近県(きんけん)にとどまらず全国(ぜんこく)に及んだ。

・あのレストランのメニューは和食(わしょく)にとどまらず、洋食(ようしょく)や中華(ちゅうか)と幅広(はばひろ)い。

## 138

### ～にのぼる ▶ ～에 달하다〈수량의 강조〉, ～에 오르다〈화제〉

접속 명사+にのぼる

**1. ～에 달하다, ～에 이르다 〈수량의 강조〉**

의미 수량 뒤에 붙어서, 수량이 결과적으로 상당히 많아지는 경우에 사용한다.

・今回の地震(じしん)による死者数(ししゃすう)は数千人にのぼる。

・政府(せいふ)の発表によると、大企業むけの減税額(げんぜいがく)が５兆(ちょう)円にのぼるという。

**2. ～에 오르다 〈화제〉**

의미 어떤 것을 특별히 거론하여 화제로 삼을 때 사용한다.

・地震のことが話題にのぼる。

・国家財政(ざいせい)の健全化が議題(ぎだい)にのぼっている。

MEMO

## 139

## ～には及(およ)ばない ▶ ～할 것까지도 없다, ～에 미치지 못한다

**1. ～할 것까지도 없다, ～할 필요도 없다**

접속 동사의 사전형·명사+には及ばない

의미 '그렇게 하지 않아도 좋다', '그렇게 할 필요가 없다'는 의미를 나타낸다.

- 手術(しゅじゅつ)といっても、当日(とうじつ)退院(たいいん)ですから、心配には及(およ)びません。
- 平日(へいじつ)の昼間(ひるま)だし、店も大きいので、わざわざ予約(よやく)をするには及ばないでしょう。

**2. ～에 미치지 못한다**

접속 명사+には及ばない

의미 그 정도의 수준이 못 된다는 의미를 나타낸다.

- 結婚(けっこん)して、料理が上手(じょうず)になったけれど、まだ母には遠く及ばない。
- 実力(じつりょく)では兄の足元(あしもと)にも及ばない。

## 140

## ～によるところが大きい

▶ ～에 의한 바가 크다, ～에 힘입은 바가 크다

접속 명사+によるところが大きい

의미 어떤 결과가 발생하게 된 중요한 원인이나 근거를 강조하여 나타내는 표현이다.
비슷한 표현으로는 「～に負(お)うところが大きい」가 있다.

- 彼の成功は、周囲(しゅうい)の人たちの協力(きょうりょく)によるところが大きい。
- この研究(けんきゅう)の成果(せいか)は山田教授(きょうじゅ)の協力によるところが大きい。
- 現代社会の豊(ゆた)かな生活は、情報(じょうほう)通信(つうしん)技術(ぎじゅつ)の進歩(しんぽ)によるところが大きい。

問題　次の文の（　　　）に入れるのに最も よいものを、1・2・3・4から一つ選びなさい。

01　今回の火災（かさい）による被害は数億円に（　　　）と言われている。
1 たる　2 たりる　3 よる　4 のぼる

02　となりのクラスの授業は（　　　）とみえてよく笑い声が聞こえてくる。
1 楽しく　2 楽しさ　3 楽しみ　4 楽しい

03　あの新作（しんさく）映画は、すばらしい映画だが、前作にははるかに（　　　）。
1 あたらない　2 たまらない　3 はばからない　4 およばない

04　当初の予想に反する研究にみんなが驚いたことは、想像（　　　）。
1 にかたくない　2 にもおよばない
3 せずにはすまない　4 しないではおかない

05　学生（　　　）、休みは長ければ長いほどいいだろう。
1 にしたら　2 に対して　3 にして　4 によって

06　あなたが成功できるかどうかは、与えられたチャンスをどう使うかに（　　　）いる。
1 かぎって　2 かなって　3 かかって　4 さきだって

07　今の経済不況は金融（きんゆう）政策の失敗に（　　　）ところが大きい。
1 たる　2 よる　3 みる　4 くる

08　父は仕事仲間（なかま）との付き合いに（　　　）、酒を飲んで帰宅（きたく）することが多い。
1 かこつけて　2 かけて　3 かたがた　4 かぎって

09　彼（　　　）、このパソコンは性能が低くて使い物にならないということだ。
1 と言っても　2 と言えば　3 に言わせると　4 に言わせられれば

10　当書店では、本だけに（　　　）、幅広（はばひろ）いライフスタイルを提案（ていあん）していきます。
1 とわず　2 かかわらず　3 とどまらず　4 のみならず

## 연습문제 ㊶

**問題　次の文の（　　　）に入れるのに最もよいものを、1・2・3・4から一つ選びなさい。**

01　軽い励まし（はげ）の言葉も、言われる本人（　　　）負担になることもあるのだ。
1 にかけては　2 によっては　3 にかかわらず　4 にしたら

02　山下君（やました）ときたら、出張（　　　）大阪にいる彼女に会ってきたらしいね。まったくあきれたよ。
1 にかまけて　2 にてらして　3 にかこつけて　4 にかかわりなく

03　登山家の山田さんに（　　　）、富士山（ふじさん）など、登山のうちに入らないのだそうだ。
1 いえば　2 いわせれば　3 いわれれば　4 いわせられれば

04　彼がフランス語ができるのは驚く（おどろ）には（　　　）。5年も住んでいたんですから。
1 限りません　2 及びません　3 かないません　4 差し支えありません

05　あらゆる状況から見て、彼が犯人であると判断する（　　　）。
1 に至らない　2 にあたらない　3 に違いない　4 にかたくない

06　ある調査によれば、雑誌を除いて（のぞ）1か月に一冊も本を読まない中学生が55%に（　　　）そうだ。
1 わたる　2 のぼる　3 もとづく　4 たる

07　その映画は人気があると（　　　）、映画館の前に行列（ぎょうれつ）ができている。
1 みて　2 みえて　3 みせて　4 みさせて

08　そのコンサートの成功は、彼が参加するかしないかに（　　　）と思う。
1 たりる　2 たえない　3 ともなっている　4 かかっている

09　海苔（のり）はミネラルを豊富（ほうふ）に含んでおり、日本国内（　　　）海外でも注目されている。
1 におよばず　2 にとどまらず　3 にもまして　4 にかかわらず

10　あの映画がヒットしたのは、ストーリーの良さもさることながら俳優の演技力（　　　）と言えるだろう。
1 によるところが大きい　2 にとるものがある
3 にはあたらない　4 にかぎったことではない

**問題　次の文の（　　　）に入れるのに最もよいものを、1・2・3・4から一つ選びなさい。**

01 大物政治家のスキャンダルが人々の口に（　　　）いる。
1 のぼって　2 のせて　3 かけて　4 かかって

02 彼は車がほしい（　　　）、車のカタログを集めている。
1 とされて　2 とみえて　3 となって　4 ときて

03 この店のパスタは本当においしいと思ったが、イタリアに住む友人に（　　　）これくらいの味は、どこにでもあるということだった。
1 言うが　2 言っても　3 言われては　4 言わせれば

04 会社の実績が伸びるかどうかは、新商品が売れるか売れないかに（　　　）。
1 きまっている　2 かなっている　3 おかれている　4 かかっている

05 1万円なんてあなたに（　　　）大したお金じゃないでしょうが、私には大金です。
1 すれば　2 よれば　3 いえば　4 見れば

06 高級レストラン（　　　）及ばないが、このレストランの料理もなかなかおいしいですよ。
1 とも　2 では　3 には　4 かは

07 かつて有名タレントであった田中氏が知事選に勝利したのは、人気と知名度（　　　）ところが大きい。
1 にされる　2 にさせられる　3 になる　4 による

08 交通事故で娘をなくした彼女の悲しみは、察する（　　　）。
1 にたえない　2 にいたらない　3 にかたくない　4 にたまらない

09 サッカーの応援に（　　　）、若者は大声を出して騒ぎたてている。
1 かまわず　2 かこつけて　3 ひきかえ　4 かかわらず

10 この町は農業を中心に発展してきた。しかし、農業だけに（　　　）、地場産業を活性化するために支援活動も積極的に行っている。
1 かこつけて　2 てらして　3 とどまらず　4 ひきかえ

MEMO

## 141

## ~ばかりになっている ▶ ~하기만 하면 된다

접속 동사의 사전형+ばかりになっている

의미 모든 준비가 끝나 언제라도 어떤 동작을 할 수 있다는 상태를 나타낸다.

- 麦(むぎ)は刈(か)り入(い)れを待つばかりになっている。
- パーティーの準備(じゅんび)は完了(かんりょう)し、客を迎(むか)えるばかりになっている。
- いつ帰ってきてもすぐ食事できるばかりになっている。

## 142

## ~はさておき ▶ ~은 어쨌든, ~은 제쳐두고

접속 명사+はさておき

의미 그것에 대해서는 지금은 놓아두고 더 중요한 주제를 제시할 때 사용한다.

- この製品(せいひん)は、見た目はさておき性能(せいのう)がすごいらしい。
- 家事(かじ)はさておき、育児(いくじ)は本当にエネルギーをたくさん使う。
- 何はさておき、まずは食事しよう。

## 143

### ～はしない ▶ ～하지는 않는다 (～하지는 않겠다)

접속 동사의 ます형+はしない

의미 어떤 동작을 강하게 부정할 때 사용한다. 회화체 표현에서「ます형+はしない」는,「ます형+やしない」또는「ます형+ゃしない」로 사용되는 경우가 있다.

- どんな苦難(くなん)にあっても、決(けっ)してくじけはしない。
- お世話(せわ)になったことは、絶対忘れはしません。
- 過ぎた日は戻りゃしないよ。

## 144

### ～べくして ▶ ～할 만해서

접속 동사의 사전형+べくして

의미 그런 상황이 되는 것이 당연하다는 의미를 나타낸다.

- まったくの練習不足(ぶそく)であり、今日の試合(しあい)は負(ま)けるべくして負けた。
- 勉強しなかったのだから、落(お)ちるべくして落ちたのだ。
- 制限時速(せいげんじそく)をオーバーして車を飛(と)ばすなんて、あの事故は起こるべくして起こったといえるだろう。

MEMO

MEMO

## 145

### ～べくもない ▶ (도저히) ～할 수 없다, ～할 방도가 없다

접속 동사의 사전형＋べくもない

의미 제시되는 내용이 이루어질 가능성이 전혀 없다는 의미를 나타낸다.

- 今の実力(じつりょく)では大学合格(ごうかく)など望(のぞ)むべくもない。
- 日本の治安(ちあん)のよさは、他の国々と比(くら)べるべくもない。
- あの投手(とうしゅ)のボールの速(はや)さは他に並(なら)ぶべくもない。

## 146

### ～めく ▶ ～한 듯한 느낌이 들다

접속 い형용사・な형용사의 어간/부사・명사＋めく

의미 어떠한 상태가 되거나, 어떠한 느낌이 든다는 의미를 나타낸다. 「春(はる)めく(봄다워지다)」「皮肉(ひにく)めく(비꼬는 듯하다)」「冗談(じょうだん)めく(농담인 느낌이 들다)」와 같은 관용적인 표현으로 익혀두자.

- 野(の)の花も咲(さ)きはじめ、春めいてきた。
- 彼の皮肉(ひにく)めいた言い方が気に障(さわ)った。
- ある男性が冗談(じょうだん)めいた口調(くちょう)で「ハイジャックされた」と連絡してきたという。

MEMO

## 147

### ～を受(う)けて ▶ ～(의 영향)을 받아, ～을 받아들여

**접속** 명사+を受けて

**의미** 어떠한 요구사항을 받아들여 대응하거나, 또는 무언가의 영향을 받아 대응한다는 의미를 나타낸다.

- 市民の協力(きょうりょく)を受(う)けて、ボランティア団体(だんたい)を設立(せつりつ)した。
- 反対意見を受けて、修正案(しゅうせいあん)を作成する。
- 長年続いた少子化(しょうしか)の影響(えいきょう)を受けて、若者向けの市場(しじょう)が縮小(しゅくしょう)傾向にあるという。

## 148

### ～をおして ▶ ～을 무릅쓰고

**접속** 명사+をおして

**접속** 어려운 환경이나 역경을 각오하면서까지 무언가를 할 때에 사용한다.「～のに」에 가까운 의미이다.

- 彼は親と周囲(しゅうい)の反対をおして彼女と結婚(けっこん)した。
- 彼はチームのためにけがをおして試合(しあい)に出た。
- 彼は病気(びょうき)をおして仕事を続けている。

MEMO

## 149

### ～を機(き)に ▶ ～을 계기로, ～을 기회로

접속 명사+を機に

의미 어떠한 것이 기회나 동기가 된다는 의미를 나타낸다. 비슷한 표현으로 「～をきっかけに」 「～を契機(けいき)に」가 있다.

・入院(にゅういん)したのを機(き)に、お酒をやめた。

・創立(そうりつ)20周年を機に新商品(しんしょうひん)を発表した。

・転職(てんしょく)を機に、広い部屋に引(ひ)っ越(こ)そうと思う。

## 150

### ～を経(へ)て ▶ ～을 거쳐

접속 명사+を経て

의미 어떠한 과정이나 단계를 거쳐서 어떠한 일이 이루어질 때 사용한다.

・来年の予算(よさん)は、議会(ぎかい)の承認(しょうにん)を経(へ)て成立した。

・二度の面接を経て採用(さいよう)が決まった。

・地区予選(ちくよせん)を経て全国大会に出場(しゅつじょう)することになる。

## 141-150 연습문제 43

**問題　次の文の（　　）に入れるのに最もよいものを、1・2・3・4から一つ選びなさい。**

01　都心部の賃貸料の高騰（こうとう）（　　）、多くの店舗（てんぽ）が商品の販売価格を値上（ねあ）げした。
1 を限りに　　2 をへて　　3 を問わず　　4 を受けて

02　病気で入院したの（　　）、健康に注意するようになった。
1 を限りに　　2 をものともせず　　3 を機に　　4 をよそに

03　現在日本で使われている漢字は、長い年月（ねんげつ）（　　）、さまざまな日本式改良（かいりょう）が施（ほどこ）されたものである。
1 を問わず　　2 にかまけて　　3 を経て　　4 に照らして

04　彼は酒に酔（よ）って失態を演（えん）じ、人に迷惑をかけた。もう二度と（　　）はしないだろう。
1 飲む　　2 飲んだ　　3 飲み　　4 飲んで

05　監督の選手起用（きよう）に問題があったのだから、あの試合は（　　）負けたと思う。
1 勝つべくして　　2 負けるべくして　　3 負けたべくして　　4 勝てるべくして

06　勉強は十分したので、あとは試験日を（　　）。
1 待たないばかりになっている　　2 待つばかりになっている
3 待たないほどになっている　　4 待つほどになっている

07　庭付（にわつ）きの一戸建（いっこだ）てに住みたいが、東京でそんな贅沢（ぜいたく）は望む（　　）。
1 べくもない　　2 にはあたらない　　3 までもない　　4 だけましだ

08　お祖母（ばあ）さんは不自由な体を（　　）私の発表会に来てくれた。
1 口実に　　2 限りに　　3 おして　　4 おいて

09　ずいぶん春（　　）まいりましたが、いかがお過ごしでしょうか。
1 らしく　　2 ぎみに　　3 っぽく　　4 めいて

10　今回の機器（きき）展示においては、製品価格は（　　）その性能（せいのう）に注目していただきたいと思います。
1 さておき　　2 及ばず　　3 まだしも　　4 おいて

問題　次の文の（　　　）に入れるのに最もよいものを、1・2・3・4から一つ選びなさい。

01 このような事態になろうと予想はしていたので、そう焦(あせ)りは（　　　）。
1 しなかった　2 ならなかった　3 行かなかった　4 やまなかった

02 ここでとれるりんごの深い香(かお)りと味(あじ)わいは他産地のものとは比べる（　　　）。
1 べくもない　2 べからざる　3 べきだ　4 べきことだ

03 このジュースは、栄養(えいよう)のこと（　　　）、まずは味わいの面でとても気に入った。
1 はおろか　2 はさておき　3 からには　4 といえども

04 このごろ朝晩(あさばん)の気温も低くなり、めっきり秋（　　　）きました。
1 らしく　2 ともなって　3 きわまって　4 めいて

05 前から警告(けいこく)していたのを無視していたのだから、この災害(さいがい)は起こる（　　　）起こったのだ。
1 べからず　2 べき　3 べくして　4 べく

06 既に書き上げて、あとは出版（　　　）になっている。
1 するばかり　2 するほど　3 しないばかり　4 しないほど

07 景気の回復傾向（　　　）、大企業を中心にボーナスの支給額が増えると見込まれている。
1 を経て　2 を押して　3 を受けて　4 をめぐって

08 予選を（　　　）選ばれた12チームが決勝大会に進むことになる。
1 へて　2 よそに　3 おして　4 かまわず

09 優勝有力候補(こうほ)であるその選手は怪我(けが)（　　　）大会に出場したが、結果はかんばしくなかった。
1 をおいて　2 をおして　3 につけても　4 にてらして

10 市営バスは、4月で開業40年を迎えるの（　　　）150台の最新型車両を導入し、5月から運行を開始する。
1 を問わず　2 をよそに　3 を口実に　4 を機に

## 연습문제 45

**問題　次の文の（　　）に入れるのに最もよいものを、1・2・3・4から一つ選びなさい。**

01 こんなに予算が削（けず）られては、新しい事業の成功は期待する（　　）。
1 べきだ　2 べくもない　3 べきではない　4 べからざるものだ

02 散歩は、ダイエットの方の効果は（　　）、リラックス効果はかなりあると思う。
1 もとに　2 よそに　3 さておき　4 問わず

03 50年という長い年月（　　）ようやく再開発ビルが完成した。
1 を経て　2 を皮切りに　3 を控えて　4 を限りに

04 食中毒（しょくちゅうどく）を起こした店にはさすがに誰も（　　）しない。
1 行きは　2 行っては　3 行っても　4 行こう

05 明らかに勉強不足なので（　　）べくして落ちたと思うが、やはり不合格はつらいものがある。
1 落ちた　2 落とされる　3 落ちる　4 落とした

06 今回のことについて弁明（べんめい）や言い訳（　　）ものは一切（いっさい）やりたくない。
1 ながらの　2 めいた　3 まみれの　4 きらいの

07 彼は周りの反対（　　）今回の選挙に出馬（しゅつば）することにした。
1 をもって　2 をおいて　3 をおして　4 をもとに

08 新しい法案（ほうあん）は、議会での承認（しょうにん）を（　　）という。
1 得ないほどになっている　2 得ないばかりになっている
3 得るほどになっている　4 得るばかりになっている

09 上司の指示（しじ）（　　）、来週開かれる会議の資料を作成している。
1 を受けて　2 を皮切りに　3 をピークに　4 を通して

10 子供が小学生になったの（　　）、再び働き始める女性は多い。
1 を中心に　2 をはじめ　3 を機に　4 をよそに

# 총정리문제 ⑤

**問題 1 次の文の（　　　）に入れるのに最もよいものを、1・2・3・4から一つ選びなさい。**

1 専門家（　　　）、分かりやすく説明したつもりでも、素人(しろうと)の私には全く理解できなかった。

1 にしたら　　2 によれば　　3 にいったら　　4 に見れば

2 友だちからマンガをたくさん借りてきた。一日では（　　　）と思ったが、なかなか面白くて一晩で全部読んでしまった。

1 読みかける　　2 読みつづける　　3 読みきれない　　4 読みかねない

3 会議では、ただ出席していればいい（　　　）、何を言うかが大切だ。

1 というものではなく　　2 としたものではなく
3 というものであり　　4 としたものであり

4 工場の生産設備(せつび)が法律に定(さだ)める基準に適合(てきごう)する（　　　）について検査しなければならない。

1 やいなや　　2 かいなか　　3 なり　　4 きり

5 急激な経済成長と人口の増加により、都市部の住宅事情は悪く（　　　）。

1 なり次第だ　　2 なりかねる　　3 なりつつある　　4 なりぬいた

6 せっかく京都に行ったのに、忙しかったのでおいしい料理を（　　　）そびれてしまった。

1 食べて　　2 食べる　　3 食べ　　4 食べよう

7 彼女の今までの苦労を思うと、受賞(じゅしょう)したときの喜びは想像（　　　）。

1 にたえない　　2 せずにはすまない
3 にかたくない　　4 するほかはない

8 ３ヶ月間の新入社員研修を（　　　）、営業課に配属された。

1 機に　2 経て　3 かねて　4 ひかえて

9 採用試験に欠席するわけにはいかず、高熱（　　　）試験を受けた。

1 をおいて　2 につけても　3 にてらして　4 をおして

10 映画は娯楽として人気が高く、しばしば話題に（　　　）こともある。

1 由来する　2 達する　3 のぼる　4 させる

11 昔は田舎だったこの町も、最近は高層ビルが立ち並び都市（　　　）きた。

1 めいて　2 まみれに　3 らしく　4 ぶって

12 ここは冬の雪景色が美しいとはいっても、秋の紅葉の豪華さには及ぶ（　　　）。

1 かいがない　2 べくもない　3 ためしがない　4 よりほかはない

13 犯罪者の中には社会が悪いと言って（　　　）者もいるらしい。

1 いいかねない　2 はばからない　3 かたくない　4 かなわない

14 彼はかなり疲れている（　　　）一言もしゃべらなかった。

1 とみえて　2 といったら　3 としては　4 ときたら

15 この製品の取扱い説明書は英語です。ただし、設定部分は簡単な英語ですのでご心配（　　　）。

1 にはかたくありません　2 にもほどがありません

3 にもかないません　4 にはおよびません

16 旅行好きの彼に（　　　）、小さいホテルのほうが、スタッフが目を配るべき宿泊客の数が少ないので、よりよいサービスを提供できるということだ。

1 いってみれば　2 いわれれば　3 いわせれば　4 いわせられれば

17 責任が誰にあるのか（　　　）、今は今後の対策を考えるべきだ。

1 はおろか　2 にひきかえ　3 にかかわる　4 はさておき

18 夕食の支度(したく)も終わり、もう（　　　）ばかりになっているのに、だれも帰ってこない。

1 食べ　2 食べて　3 食べる　4 食べよう

19 2年も勉強したのに、合格できなかった自分に、腹が立つやら情(なさ)けないやらで、来年こそは絶対に合格（　　　）と決意した。

1 してみせよう　2 しそうだ　3 してみよう　4 するそうだ

20 大地震(だいじしん)の被災地(ひさいち)に救助の手はとうてい足りず、子供（　　　）お年寄(としよ)り（　　　）、まだたくさんの人が生(い)き埋(う)めになっている。

1 とあって / とあって　2 というか / というか

3 となら / となら　4 といわず / といわず

**問題2 次の文の ＿★＿ に入る最もよいものを1・2・3・4から一つ選びなさい。**

21 この島の人々の平均寿命(へいきんじゅみょう)が長いことは、＿＿＿ ＿＿＿ ＿★＿ ＿＿＿ と考えられている。

1 効能(こうのう)による　2 ところが大きい　3 温暖な気候と　4 多彩(たさい)な食材の

22 季節(きせつ)も変わり、寒かったり暖かかったり、＿＿＿ ＿＿＿ ＿★＿ ＿＿＿ 来ました。

1 しながら　2 行きつ　3 春めいて　4 戻りつ

23 本人も含め、大方(おおかた)の予想を裏切(うらぎ)って希望の大学に合格してしまい、＿＿＿ ＿＿＿ ＿★＿ ＿＿＿ ようなものではまったくない。

1 べくして　2 受かった　3 受かる　4 という

24 景気が悪いのをよその国のせいだと ＿＿＿ ＿＿＿ ＿★＿ ＿＿＿ しない。

1 なりは　　2 ところで　　3 言った　　4 何の解決にも

25 食品の安全性に不安を感じているか ＿＿＿ ＿★＿ ＿＿＿ ＿＿＿ 、全体の98%の者が食品の安全性に何らかの不安を感じていると回答した。

1 尋ねた　　2 ところ　　3 否かに　　4 ついて

26 専門家じゃないのだから、大学の教授 ＿＿＿ ＿★＿ ＿＿＿ ＿＿＿ など分かるはずがない。

1 解決方法　　2 とした　　3 ところで　　4 それについて

27 消費者（しょうひしゃ）を対象とした ＿＿＿ ＿★＿ ＿＿＿ ＿＿＿ 生（い）かしていく方針だ。

1 あるいは次の商品開発に　　2 受けて

3 アンケート調査の結果を　　4 商品を改善（かいぜん）

28 今回のオフィスの ＿＿＿ ＿＿＿ ＿★＿ ＿＿＿ 行うことになった。

1 オフィス家具の　　2 拡張移転（かくちょういてん）を　　3 買い替えを　　4 機に

29 仕事の ＿＿＿ ＿＿＿ ＿★＿ ＿＿＿ 妻にまかせっきりだ。

1 忙しさに　　2 近所の人との　　3 かこつけて　　4 付（つ）き合（あ）いは

30 彼の才能は音楽の世界 ＿＿＿ ＿＿＿ ＿★＿ ＿＿＿ いる。

1 ほかの芸術分野にも　　2 のみに

3 及んで　　4 とどまらず

31 企業合併（がっぺい）が盛んだが、それを成功させるには合併前のシステムをいかに ＿＿＿ ＿＿＿ ＿★＿ ＿＿＿ 過言ではない。

1 有機的に　　2 といっても　　3 統合（とうごう）するかに　　4 かかっている

32 仕事は、決められた時間内に成果を上げるかが大切であり、単に ＿＿＿ ＿★＿ ＿＿＿ ＿＿＿ と思う。

1 ものではない　2 時間をかけて　3 がんばれば　4 いいという

33 昨日非常に眠かったので、8時過ぎにベッドに入ったが、＿＿＿ ＿★＿ ＿＿＿ ＿＿＿ のは 11 時頃であった。

1 なぜか　2 落ちた　3 寝そびれて　4 眠りに

34 絶対成功させて ＿＿＿ ＿＿＿ ＿★＿ ＿＿＿ 自信があるわけではない。

1 公言した　2 みせると　3 それほど　4 ものの

35 インド滞在経験の長い山田さんは、＿＿＿ ＿★＿ ＿＿＿ ＿＿＿ はばからない。

1 第二の　2 言って　3 ふるさとと　4 インドを

36 アメリカの大手証券会社の経営破綻は ＿＿＿ ＿＿＿ ＿★＿ ＿＿＿ 極めて大きな影響を与えた。

1 とどまらず　2 にも　3 アメリカだけに　4 世界の金融市場

37 経済の動向について多くの専門家に ＿＿＿ ＿★＿ ＿＿＿ ＿＿＿ あげており、景気は緩やかながら回復に向かっているという。

1 景気対策が　2 政府の　3 言わせると　4 効果を

38 不景気 ＿＿＿ ＿＿＿ ＿★＿ ＿＿＿ しない。そこで外食企業の収益が減少しているという。

1 なんかに　2 ファミリーレストラン
3 行きは　4 なので

39 ホテルの窓から ＿＿＿ ＿★＿ ＿＿＿ ＿＿＿ 眺めながら、一杯のコーヒーを楽しんだ。

1 つつある　　2 夕日(ゆうひ)を　　3 海の向こうに　　4 沈(しず)み

40 社長は、工場を移転(いてん)する方針について ＿＿＿ ＿＿＿ ＿★＿ ＿＿＿ 見せている。

1 でも　　2 理事会の反対を　　3 貫(つらぬ)く姿勢を　　4 おして

**問題 3 次の文章を読んで、文章全体の趣旨を踏まえて、［41］から［50］の中に入る最もよいものを、1・2・3・4から一つ選びなさい。**

制服を着た高校生など未成年者が喫煙(きつえん)しているのを目にすることがある。注意したくても、手本となるべき大人が歩きながら堂々と喫煙している［41］、「大人だってやってるだろ」と言い立てられると言い返すことができないと思い、どうしても二の足を踏んでしまう。(注)

私は仕事柄、子供と毎日接しているが、勉強の成績の良(よ)し悪(あ)しにかかわらず、あいさつ［42］、当たり前の日常のことができない子が多いと感じる。公共のルールを守れない大人が増えていることと無縁ではない気がする。分別をわきまえない大人の行為が、子供たちに与えている影響の重大さにもぜひ気づいてもらいたい。

(注) 二(に)の足(あし)を踏(ふ)んでしまう：ためらって、どうしようかと迷ってしまう

［41］

1 ものの　　2 ところ　　3 ままに　　4 のだから

［42］

1 にむかって　　2 にいたって　　3 にとどまらず　　4 にひきかえ

昨今、犯罪の増大や低年齢化（ていねんれいか）、さらに人間の劣化（れっか）が言われている。悪事（あくじ）は小さなうちにつぶすことが大切なことは [43] 。問題は大人が人間として悪を正（ただ）す強い意志が [44] 、子どものことは親や先生とともに社会の大人の務（つと）めでもある、と考えることが出来るかどうかに [45] と思う。

状況によっては危険を伴うこともあろうが、勇気ある行動には進んで助力する大人でありたいと思う。

[43]

1 言うまでもない　　2 言うくらいだ
3 言うきらいがある　　4 言うはずもない

[44]

1 あるかいなか　　2 あるからには
3 あってはじめて　　4 あるかというと

[45]

1 あたっている　　2 かかっている
3 たえない　　4 かなっている

分別が徹底(てってい)されていないゴミは頭痛の種だという。積極的なゴミ分別により、30億円に [46] ゴミ処理費用のうち、相当の額(がく)が軽減されるという。

市の広報で、繰り返し徹底を呼びかけられているはずなのに、回収日にはマナー欠如(けつじょ)のゴミ出しがみられる。やはり家庭での「その場で分別」が決め手だと思う。ゴミ分別は、各家庭の協力にかかっている。空き缶1個の処理から、意識を高く [47] 。

確かに面倒だが、資源(しげん)ゴミや燃えるゴミなどを分けずに捨てるのは、環境や資源を大切にするという流れに逆(さか)らうことだと気づいてほしい。

**46**

1 かかわる　　2 のぼる　　3 ひかえる　　4 わたる

**47**

1 持たねばならない　　2 持たんばかりだ

3 持つには及ばない　　4 持つすべもない

新聞に「自宅でできる簡単な仕事」と広告を載せていたある会社に資料請求をした。すぐに資料が届き、中身を見れば、準備のためのお金を振り込んでからでないと仕事が紹介されないという。その時は「世の中うまい話など [48] 」と実感し、即座に資料を破り捨てた。

[49] 、資料請求を境に、色々な会社から「自宅で仕事をしませんか」と勧誘の電話が多くかかってくるようになった。丁重に断りの言葉を口にすると、相手は態度を一変させガチャンと切る。電話のマナーなど望む [50] 。これを機に家の電話に有料の番号表示サービスを追加したが、それでもしつこくかけてくる番号を登録し、勧誘を拒否している状態だ。

今回の一件で、安易に住所、電話番号などの個人情報を知らせてしまったことを後悔している。断っても勧誘をしてくるしつこさに、不気味ささえ感じる。

[48]

1 あってやまないのだ　　2 あってよさそうだ
3 ありはしないのだ　　4 あるにかぎるのだ

[49]

1 ただし　　2 とはいえ　　3 そういうわけで　　4 ところが

[50]

1 べし　　2 べきである　　3 べくもない　　4 べからざる

# 부록

- 모의테스트 1회~2회
- 필수 접속사 · 부사
- 필수 경어
- 테마별 문법 정리 150
- N1 문법 색인
- N2 필수문법 100선
- 예문 해석
- 해답

해석보기

## 모의테스트 1회

**問題5 次の文の（　　　）に入れるのに最もよいものを、1・2・3・4から一つ選びなさい。**

1　彼女は内気(うちき)な性格（　　　）なかなか友達を作れなかった。

1 ゆえに　　2 くせに　　3 ことに　　4 ように

2　古い家なので、屋根の本格的な修理（　　　）相当な金額が必要だろう。

1 ともすれば　　2 ともなれば　　3 ともあれ　　4 とはいえ

3　300年の長い歴史を誇る老舗(しにせ)旅館（　　　）おもてなしは、接しているだけでも贅沢(ぜいたく)なくつろぎをあじわうことができる。

1 ごときの　　2 からある　　3 にもまして　　4 ならではの

4　彼は犯行を否認しているが、目撃証言があるうえ、現場で指紋(しもん)が発見される（　　　）自白(じはく)せざるをえないだろう。

1 にもまして　　2 にいたっては　　3 にひきかえ　　4 にむけては

5　彼女は今の生活を犠牲に（　　　）結婚する気はないらしい。

1 せずとも　　2 しないまでも　　3 までなら　　4 してまで

6　会議の参加者のリストが（　　　）、ご連絡します。

1 出来上がっては　　2 出来上がったかと思うと

3 出来上がり次第　　4 出来上がって結果

7　いくら野党(やとう)がその法案を反対した（　　　）、結局は通ってしまうだろう。

1 が最後　　2 がゆえに　　3 どころか　　4 ところで

8 自分が起こした事業を成功（　　　　）、彼は家族も顧みず自分の持つすべての金と時間とエネルギーをつぎ込んだ。

1 させんがため　　2 されんがため　　3 するがため　　4 しようがため

9 去年亡くなったアキラ監督の遺作のDVDが発売される（　　　　）、大ファンの私としては、買わないわけにはいかない。

1 にあってか　　2 とあっては　　3 になっては　　4 となっては

10 木村：「アルバイトの清水さんのことなんですが、仕事中におしゃべりが多くて困っているんです。それで、店長から一言（　　　　）。」

店長：「わかった。後で注意しておくから。」

1 伺いたいのですが　　2 お聞きになるでしょうか

3 申し上げてもよろしいですか　　4 おっしゃってくださいませんか

**問題6 次の文の ＿★＿ に入る最もよいものを、1・2・3・4から一つ選びなさい。**

11 いつも約束の時間を守らない ＿＿ ＿＿ ＿★＿ ＿＿ 思いきや約束の10分も前に来た。

1 時間通りには　2 彼のことだから　3 どうせ今日も　4 来ないだろうと

12 安全のため、地震で倒壊(とうかい)する ＿＿ ＿＿ ＿★＿ ＿＿ だろう。

1 建物では　2 おそれのある　3 すまない　4 とりこわさずには

13 子どもは子どもなりに ＿＿ ＿＿ ＿★＿ ＿＿ 見守ることが大切だ。

1 親は　2 考えて
3 干渉しすぎないで　4 行動しており

14 彼女は、初めて会った ＿＿ ＿★＿ ＿＿ ＿＿ 態度でなれなれしく話をする。

1 昔から　2 知っている　3 にもかかわらず　4 かのごとき

15 この有機(ゆき)栽培、無農薬(むのうやく)野菜は、＿＿ ＿＿ ＿★＿ ＿＿ ものです。いつでもおいしい野菜を安心して食べられます。

1 消費者の信頼に　2 選ばれた農家で
3 たえる　4 生産された

**問題7 次の文章を読んで、[ 16 ]から[ 20 ]の中に入る最もよいものを、1・2・3・4から一つ選びなさい。**

私が故郷を離れたのは18歳のときでした。大自然に囲まれた高知県（こうちけん）で生まれ育った私は、大学進学のためにひとりで東京[ 16 ]旅立ったのです。大都会での一人暮らしは[ 17 ]ものでした。夜になっても空が明るい東京という都市になじめず、最初の夏休みには逃げるようにして高知の実家に舞い戻ったものでした。

夏休みの故郷には、高校時代の友人たちがたくさん帰省していました。祭りの日に彼らの家に泊まって遊んだり、海辺に出かけてかき氷を食べたりしました。故郷の自然、家庭の居心地の良さは、何ものにも代え難いものでした。

[ 18 ]、2年目以降の夏休みは、もう故郷に長く帰省することもなくなったのです。20歳前後の若者だった私にとって、東京の魅力（みりょく）は捨てがたいものになっていました。全国から人々が集まり、若者たちが昼夜の別なく盛り上がっている。そういう熱気に私もまたのみ込まれていきました。そして故郷から離れることによって、私ははじめて親から精神的に自立するきっかけをつかむことができたのです。親からの自立を完了するまでには、その後10年ほどの期周が必要でしたが、しかし[ 19 ]経験がなければ、私はずっと親離れができなかったかもしれません。

もし故郷を離れるかどうか迷っている若者がいたならば、私は離れることを勧めたいと思います。いまは何も考えずに、生まれ育った場所から旅立ってみてください。地元を離れ、新しい環境に身を置いて、未知の世界へ飛び込んでいきましょう。

私は人生の半分以上を東京、京都、大阪で過ごしました。故郷の地は、自然に満ちた美しい大地として心の中に宿っています。しかし、私はもう故郷に帰って生活をすることはないでしょう。いつの日か故郷に帰ることもできるし、ずっと故郷を離れたままでいることもできる。そのような自由さを与えてくれるものこそ、真の[ 20 ]ではないでしょうか。

16

1 へと　2 にも　3 から　4 でと

17

1 興味深い　2 心細い　3 居心地の良い　4 期待に満ちた

18

1 それゆえに　2 しかしながら　3 すなわち　4 しかも

19

1 大学を辞める　2 故郷の自然を味わう
3 故郷を離れる　4 高校時代の友達にあう

20

1 人生　2 自然　3 都市　4 故郷

# 모의테스트 2회

**問題5 次の文の（　　　）に入れるのに最もよいものを、1・2・3・4から一つ選びなさい。**

1 毎日の交通費（　　　）足りなくて困っているんだから、旅行なんてとても無理です。

1 すら　　2 こそ　　3 のみ　　4 だけ

2 今日は朝からお腹の調子が良くない。夜中にラーメンなんか（　　　）。

1 食べるんじゃなかった　　2 食べてみるに越したことはない
3 食べて正解だった　　4 食べるべきだった

3 新入社員（　　　）会社の一員である以上、自分の仕事に責任を持つべきだ。

1 といえども　　2 こととて　　3 にひきかえ　　4 かたがた

4 やっと梅雨(つゆ)が（　　　）と思いきや、今度は大型(おおがた)台風が接近中とのことだ。一体いつになったら青空が見えるのだろうか。

1 明け　　2 明けて　　3 明けた　　4 明けない

5 財政赤字の問題はひとり日本（　　　）海外の多くの国々も抱えている問題だ。

1 だけで　　2 のみで　　3 のみならず　　2 かかわらず

6 打ち合わせの途中だったのに、彼は自分には関係ない（　　　）、部屋を出た。

1 はずがなく　　2 とばかりに　　3 かと思うと　　4 ながらも

7 息子は夕食が済む（　　　）さっさと自分の部屋にひきこもってしまった。

1 ことなしに　　2 におよんで　　3 ともなしに　　4 やいなや

8 相手の立場を考えずに、一方的に自分の意見だけを言う人がいる。だが自分の意見だけを（　　　）。相手の立場も尊重してこそ本当の人間関係を保つことができるものである。

1 通すよりほかにはしかたがない　　2 通せばよいというものではない
3 通さないとも限らない　　4 通さないではいられない

9 今好評を受けているこの薄型（うすがた）テレビは、新しいのは20万、中古品は高くても10万円（　　　）。

1 にほかならない　　2 に上る
3 といったところだ　　4 でもあるまい

10 社長：「山田君。この危機的な状況を乗り切れるのは、君（　　　）他にはいないんだ。頼むよ。」
山田：「はい、やらせていただきます。」

1 にして　　2 にかぎって　　3 をおいて　　4 ともなると

**問題6　次の文の ＿★＿ に入る最もよいものを、1・2・3・4から一つ選びなさい。**

11　田中(たなか)部長は最近の新入社員には頭を痛めているようだ。以前のように、＿＿＿ ＿＿＿ ＿★＿ ＿＿＿ 社員が少なくなってきたのである。

1　とあれば　　2　と考える
3　やらざるをえない　　4　上司の命令

12　3か月前に起きた殺人事件の捜査は足踏(あしぶ)み状態だ。現在、警察は事件の ＿＿＿ ＿＿＿ ＿★＿ ＿＿＿ 力を入れている。

1　捜査に　　2　物的証拠を　　3　真相にかかわる　　4　確保すべく

13　休日にゆっくり ＿＿＿ ＿＿＿ ＿★＿ ＿＿＿ 、残念ながら休日出勤するはめになった。

1　急用で　　2　休んでいた　　3　ところを　　4　呼び出され

14　観光旅行で、1週間ぐらい滞在しただけでは、その国のよさはわからないはずだ。＿＿＿ ＿★＿ ＿＿＿ ＿＿＿ だろうと思う。

1　住んでみてから　　2　ことはできない
3　でないと　　4　その国のよさを知る

15　となりの安田(やすだ)さんは以前建っていた家を取り壊して、建て替えを行った。立派な ＿＿＿ ＿★＿ ＿＿＿ ＿＿＿ ことか。我ながら情けない限りだ。

1　わが家は　　2　にひきかえ　　3　となりの家　　4　なんとみすぼらしい

**問題7　次の文章を読んで、[16]から[20]の中に入る最もよいものを、1・2・3・4から一つ選びなさい。**

日本の家族形態は第二次世界大戦前後に顕著（けんちょ）に変化してきた。戦前には主に男性が仕事をして女性が家事と子育てをするという[16]だった。しかし、戦後は次第に変わってきており、その変化はとりわけ[17]のほうに顕著である。現代日本の家族の特徴としては主に少子高齢化、結婚の自由、既婚女性の就労などが挙げられる。

まず、少子高齢化が日本の重要な課題になってきた。高齢化が進むとともに、様々な問題が起こってくる。少子化の進行に伴い、生産活動に参加する人の割合が[18]。そのため、高齢者の定年退職の時期がさらに遅くなる可能性がある。

また、老人医療と介護の問題が非常に重要だと思う。しかし、医療業界は人手不足であり、社会保障費も著しく増加していくだろう。しかし、最も重要なのは高齢者の介護、医療や福祉などのサービスを重視することだと私は思う。同時に、[19]を上昇させつつ、若者の割合を増加させることも必要だと思う。

また、近年、未婚化や晩婚化が進んでいる。結婚は個人の自由意志によるものである。しかも、結婚した後で経済的な理由等によって子供を産まない、あるいは産む数を減らす家庭が多い。[20]、独身の自由と気楽（きらく）さを失いたくないと思う人が大勢いることも、未婚化・晩婚化の原因になったのだろう。

さらに、女性の社会的地位が向上すると共に、結婚していても家事だけでなく、外での仕事もしているという女性が増えている。女性の職場進出は、個人が仕事を望む自由と家庭の経済力によって決定されると思われる。

家族形態の変化とともに新たな問題が出てくるが、社会の経済発展や生活の質を良くするには、これに対する方法と政策が必要だろう。

16

1 責任転嫁　2 自業自得　3 役割分担　4 共同育児

17

1 男性　2 女性　3 高齢者　4 未婚者

18

1 減少している　2 増えつつある
3 減ることはない　4 急増している

19

1 就業率　2 結婚率　3 出生率　4 未婚率

20

1 それにもかかわらず　2 それによって
3 それとは裏腹(うらはら)に　4 それに加えて

# 필수 접속사

## 순접

원인이 되는 문장 뒤에 붙어서 결과를 유도하는 접속사

- したがって 따라서
- そのため 그 때문에
- それで 그래서
- それゆえ 그러므로
- だから 그래서

## 역접

앞 부분의 내용과 반대되거나 예상 밖의 내용을 유도하는 경우에 사용되는 접속사

- けれども 그렇지만
- しかし 그러나
- それなのに 그런데도
- だが 하지만
- ところが 그렇지만, 그러나
- とはいえ 그렇다고는 해도
- もっとも 그렇다고는 하지만, 다만

## 설명

앞의 내용에 관하여 뒷부분에서 설명하는 경우

- すなわち 즉
- つまり 즉
- なぜなら(ば) 왜냐하면

## 첨가

앞의 내용에 추가되는 내용을 유도하는 경우

- しかも 게다가, 더군다나
- その上(うえ) 게다가
- それに 게다가
- なお 또한

## 보충

앞 부분의 내용을 뒷부분에서 보충하여 설명하는 경우

- ただし 다만
- ちなみに 덧붙여 말하자면
- もっとも 다만

## 전환

앞의 내용을 다른 내용으로 바꾸는 경우

- 一方(いっぽう) 한편
- さて 그런데(그건 그렇고)
- ところで 그런데(그건 그렇고)

## 병렬

앞의 내용과 뒤의 내용을 대등하게 늘어 놓는 경우

- および 및
- かつ 또한, 동시에
- ならびに 및
- また 또

## 선택

앞부분과 뒷부분의 어느 쪽인가를 선택하게 하는 경우

- あるいは 혹은
- それとも 그렇지 않으면
- または 또는
- もしくは 혹은

## 필수 부사 120

001 あっさり 깨끗하게, 간단히
002 予め(あらかじ) 미리, 사전에
003 改めて(あらた) 다시금, 재차
004 案外(あんがい) 의외로
005 案の定(あん じょう) 아니나 다를까
006 意外に(い がい) 의외로
007 いたって 매우, 극히
008 一応(いちおう) 일단
009 一概に(いちがい) 통틀어(부정이 따른다)
010 一段と(いちだん) 더욱, 한층
011 一気に(いっ き) 단번에
012 一挙に(いっきょ) 한꺼번에
013 一切(いっさい) 일절, 전혀(부정이 따른다)
014 一生懸命(いっしょうけんめい) 열심히
015 いっそ 차라리, 큰맘 먹고
016 一層(いっそう) 더욱, 한층
017 一体(いったい) 도대체
018 一旦(いったん) 일단
019 今更(いまさら) 이제 와서, 새삼스럽게
020 うっかり 깜박, 무심코
021 うんざり 지긋지긋한 모양
022 大いに(おお) 대단히, 매우
023 大方(おおかた) 대략, 대부분
024 各々(おのおの) 각각
025 自ずから(おの) 저절로, 자연히
026 思い切り(おも き) 마음껏, 실컷
027 主に(おも) 주로
028 思わず(おも) 엉겁결에
029 およそ 대략
030 がっかり 낙심하는 모습
031 必ず(かなら) 반드시
032 仮に(かり) 만약, 가령
033 きちんと 말끔히, 단정하게
034 ぎっしり 빈틈없이, 빽빽이
035 きっと 반드시, 꼭
036 急に(きゅう) 갑자기
037 極めて(きわ) 매우, 극히
038 くっきり 선명하게
039 結局(けっきょく) 결국
040 決して(けっ) 결코(부정이 따른다)
041 現に(げん) 실제로
042 こっそり 살짝, 남몰래
043 殊に(こと) 특히
044 流石(さすが) 과연
045 ざっと 대략, 대강
046 更に(さら) 더욱 더
047 じかに 직접
048 じきに 곧, 머지않아
049 次第に(し だい) 점차
050 実に(じつ) 실로
051 しばらく 잠시
052 十分(じゅうぶん) 충분히
053 ずいぶん 무척, 대단히
054 すっかり 완전히
055 ずっと 훨씬, 줄곧
056 既に(すで) 이미
057 精々(せいぜい) 겨우, 고작
058 折角(せっかく) 모처럼
059 是非(ぜ ひ) 꼭
060 全然(ぜんぜん) 전혀(부정이 따른다)

061 先(せん)だって 지난번, 일전에

062 即座(そくざ)に 즉석에서, 그 자리에서

063 そっくり (1)꼭 닮은 모습 (2)전부

064 そろそろ 슬슬

065 大概(たいがい) 대개, 대체로

066 大体(だいたい) 대개, 대략

067 大分(だいぶ) 꽤, 상당히

068 たかが 기껏, 고작

069 確(たし)か 틀림없이

070 忽(たちま)ち 갑자기, 순식간에

071 たとえ 설령, 가령

072 多分(たぶん) 아마

073 たまに 간혹, 드물게

074 単(たん)に 그저, 단지

075 断然(だんぜん) 단연, 월등하게

076 段々(だんだん) 점점

077 近々(ちかぢか) 곧, 머지않아

078 ちっとも 조금도(부정이 따른다)

079 着々(ちゃくちゃく) 순조롭게

080 適宜(てきぎ)に 적절히

081 できるだけ 가능한 한

082 到底(とうてい) 도저히(부정이 따른다)

083 とうとう 마침내

084 どうりで 어쩐지, 과연

085 時折(ときおり) 때때로

086 特(とく)に 특히

087 突如(とつじょ) 갑자기

088 とても 아무리 해도, 도저히

089 尚(なお) 더욱, 또한

090 なかなか (1)상당히 (2)좀처럼(부정이 따른다)

091 何卒(なにとぞ) 부디, 아무쪼록

092 なるべく 가능한 한

093 なんら 아무런, 조금도

094 軒並(のきな)み 일제히

095 果(は)たして 과연

096 甚(はなは)だ 매우, 대단히

097 日頃(ひごろ) 평소

098 非常(ひじょう)に 매우

099 密(ひそ)かに 은밀하게

100 一際(ひときわ) 한층 더, 유달리

101 不意(ふい)に 갑자기

102 殆(ほとん)ど 거의

103 正(まさ)に 실로, 확실하게

104 まず 아마도, 거의

105 まるで 전혀

106 自(みずか)ら 스스로

107 むやみに 함부로, 무턱대고

108 無論(むろん) 물론

109 めったに 좀처럼(부정이 따른다)

110 もうすぐ 머지않아

111 もし 만일

112 目下(もっか) 목하, 현재

113 最(もっと)も 가장, 제일

114 専(もっぱ)ら 오로지

115 元々(もともと) 원래

116 諸(もろ)に 직접, 정면으로

117 やっと 겨우, 결국

118 余程(よほど) 상당히, 어지간히

119 僅(わず)か 불과, 고작

120 割(わり)に 비교적

# 필수 경어

경어란 말하는 사람이 상대방에게 경의를 나타낼 때 쓰는 표현이다.

**경어의 분류**
❶ 정중어: 일반적으로 쓰는 정중한 말
❷ 존경어: 듣는 사람이나 대화 속에 등장하는 사람을 높이는 말
❸ 겸양어: 말하는 사람 자신을 낮춰서 간접적으로 상대방이나 다른 사람을 높이는 말

## (1) 정중어

**1　～です/～ます** ～(입)니다 / ～(합)니다

この店(みせ)のパンはおいしいです。 이 가게의 빵은 맛있습니다.

デパートで買(か)い物(もの)をします。 백화점에서 쇼핑을 합니다.

**2　お/ご**

お酒(さけ) 술　ご家族(かぞく) 가족　お食事(しょくじ) 식사

**3　ござる**

郵便局(ゆうびんきょく)は駅の前にございます。 우체국은 역 앞에 있습니다.

入(い)り口(ぐち)はこちらでございます。 입구는 이쪽입니다.

書類(しょるい)はあちらに置(お)いてございます。 서류는 저기에 놓여 있습니다.

## (2) 존경어

**1　お＋동사 ます형＋になる/ご＋한자어＋になる** ～(하)시다

この本は山田先生がお書きになりました。 이 책은 야마다 선생님께서 쓰셨습니다.

**2　～(ら)れる** ～(하)시다

先生は何時に戻(もど)られますか。 선생님은 몇 시에 돌아오십니까?

### 3 お＋동사 ます형＋ください/ご＋한자어＋ください ~(해) 주십시오

そちらで少々(しょうしょう)お待ちください。 그쪽에서 잠시 기다려 주십시오.

### 4 お＋ます형＋なさる/ご＋한자어＋なさる ~하시다

この本は木村(きむら)先生がお書きなさいました。
이 책은 기무라 선생님께서 쓰셨습니다.

それにつきましては山田部長がご説明(せつめい)なさいます。
그것에 대해서는 야마다 부장님이 설명하십니다.

### 5 お＋ます형＋です ~하고 계시다

あちらで先生がお待ちです。
저쪽에서 선생님이 기다리고 계십니다.

ご予算(よさん)はいくらぐらいをお考えでしょうか?
예산은 얼마 정도를 생각하고 계십니까?

### 6 ～で＋いらっしゃる ~이시다

山田様でいらっしゃいますか。
야마다님이십니까?

こちらは田中さんでいらっしゃいます。
이 분은 다나카 씨이십니다.

### 7 ～て＋いらっしゃる ~하고 계시다

この前行った店、名前を覚(おぼ)えていらっしゃいますか。
요전에 갔던 가게, 이름을 기억하고 계십니까?

パソコンは、いつごろから使っていらっしゃいますか。
컴퓨터는 언제쯤부터 사용하고 계십니까?

### 8 특수한 존경 표현

**존경의 경어 동사**

明日はどこかへいらっしゃいますか。 내일은 어딘가에 가십니까?

あの映画(えいが)はもうご覧(らん)になりましたか。 그 영화는 벌써 보셨습니까?

**존경의 명사**

明日(あす)御社(おんしゃ)にうかがいます。 내일 귀사를 찾아뵙겠습니다.

こちらにお名前とご住所(じゅうしょ)をご記入(きにゅう)ください。 여기에 성함과 주소를 기입해 주십시오.

| 보통 동사 | 경어 동사 (존경) |
|---|---|
| いる 있다 | いらっしゃる<br>おいでになる |
| 行く 가다 | いらっしゃる<br>おいでになる<br>お越しになる |
| 来る 오다 | いらっしゃる<br>おいでになる<br>お越しになる<br>お見えになる |
| する 하다 | なさる |
| 言う 말하다 | おっしゃる |
| 食べる 먹다<br>飲む 마시다 | 召し上がる |
| 見る 보다 | ご覧になる |
| 知っている 알고 있다 | ご存じだ |
| くれる (나에게) 주다 | くださる |
| 寝る 자다 | お休みになる |
| 着る 입다 | お召しになる |
| 年をとる 나이를 먹다 | お年を召す |
| 気に入る 마음에 들다 | お気に召す |
| 風邪を引く 감기에 걸리다 | お風邪を召す |

## (3) 겸양어

### 1 お＋동사 ます형＋する/ご＋한자어＋する ~(하)다

これは林先生にお借りした本です。이것은 하야시 선생님께 빌린 책입니다.

メールまたは電話でご連絡します。
메일 혹은 전화로 연락 드리겠습니다.

### 2 お＋동사 ます형＋願う / ご＋한자어＋願う ~을 부탁드리다

今の優勝のお気持ちをお聞かせ願えますか。
지금의 우승한 기분을 들려주실 수 있으십니까?

ほかの日にちにご変更願いたいんですが。
다른 날짜로 변경을 부탁드리고 싶습니다만.

### 3 お＋동사 ます형＋申し上げる/ご＋한자어＋申し上げる ~말씀 드리다

どうかご理解いただきたく、よろしくお願い申し上げます。
부디 이해해 주시기를, 잘 부탁 말씀 드립니다.

大変ご迷惑をおかけしましたことを深くお詫び申し上げます。
매우 폐를 끼친 것을 깊이 사죄 말씀 드립니다.

### 4 ～させていただく ~(하)겠다

これから会議を始めさせていただきます。 이제부터 회의를 시작하겠습니다.

### 5 ～て＋いただく (상대에게) ~해 받다, (상대가) ~해 주시다

あと一週間、待っていただくわけにはいきませんか。
앞으로 일주일, 기다려 주실 수는 없겠습니까?

修正したところを一度見ていただきたいんですが。
수정한 곳을 한 번 봐 주셨으면 좋겠습니다만.

### 6 ～て＋おる ~하고 있다

田中はただいま外出しております。
다나카는 지금 외출 중입니다.

責任を痛感しております。
책임을 통감하고 있습니다.

### 7 ～て＋まいる ~해 오다, ~해 가다

品質の向上のため、研究開発を行ってまいりました。
품질향상을 위해 연구개발을 진행해 왔습니다.

私自らが先頭に立って実行してまいります。
제 자신이 선두에 서서 실행해 가겠습니다.

### 8 특수한 겸양 표현

겸양의 경어 동사

昨日はずっと家におりました。 어제는 쭉 집에 있었습니다.

パーティーで山田先生にお目にかかりました。 파티에서 야마다 선생님을 뵈었습니다.

겸양의 명사

拙著(せっちょ)をお読みいただき、ありがとうございます。
졸저(제 저서)를 읽어주셔서 감사합니다.

披見(ひけん)を述(の)べさせていただきます。
제 의견을 말씀드리겠습니다.

| 보통 동사 | 경어 동사 (겸양) |
|---|---|
| いる 있다 | おる |
| 行(い)く 가다<br>来(く)る 오다 | まいる |
| する 하다 | いたす |
| 言(い)う 말하다 | 申(もう)す・申(もう)し上(あ)げる |
| 食(た)べる 먹다<br>飲(の)む 마시다 | いただく |
| 聞(き)く 묻다 | うかがう |
| 聞(き)く 듣다 | うかがう・拝聴(はいちょう)する |
| 見(み)る 보다 | 拝見(はいけん)する |
| 借(か)りる 빌리다 | 拝借(はいしゃく)する |
| 知(し)る 알다<br>思(おも)う 생각하다 | 存(ぞん)じる |
| 会(あ)う 만나다 | お目(め)にかかる |
| あげる (남에게) 주다 | 差(さ)し上(あ)げる |
| もらう 받다 | いただく・賜(たまわ)る・頂戴(ちょうだい)する |
| 受(う)ける 받다, 수용하다 | 承(うけたまわ)る |
| 見(み)せる 보여주다 | お目(め)にかける・ご覧(らん)に入(い)れる |
| 分(わ)かる 이해하다 | 承知(しょうち)する・かしこまる |
| 訪(たず)ねる 방문하다 | うかがう・あがる |

# 테마별 문법 정리 150

## ~하자마자(즉시)

| | | |
|---|---|---|
| 001 | **~が早(はや)いか** ~하자마자 | 電話(でんわ)のベルが鳴(な)るが早(はや)いか<br>전화 벨이 울리자마자 |
| 002 | **~そばから** ~하는 족족, ~하기가 무섭게<br>(반복적인 사항에 대해) | 覚(おぼ)えるそばから忘(わす)れてしまう<br>외우는 족족 잊어버린다 |
| 003 | **~なり** ~하자마자 | 事故(じこ)のニュースを聞(き)くなり 사고 뉴스를 듣자마자 |
| 004 | **~や否(いな)や** ~하자마자 | 家(うち)に帰(かえ)るやいなや 집에 돌아가자마자 |

## 동시발생–두 가지가 함께 발생

| | | |
|---|---|---|
| 005 | **~かたがた** ~겸해서, ~하는 김에 | 先日(せんじつ)のお礼(れい)かたがた 일전의 답례 겸해서 |
| 006 | **~かたわら** ~하는 한편으로 | 子育(こそだ)てのかたわら 육아하는 한편으로 |
| 007 | **~がてら** ~겸해서, ~하는 김에 | 散歩(さんぽ)がてら 산책하는 김에 |

## 시작과 진행, 끝 등의 시간표현

| | | |
|---|---|---|
| 008 | **~てからというもの** ~하고 나서(계속) | 病気(びょうき)をしてからというもの 병을 앓고 나서 |
| 009 | **~を受(う)けて** ~을 받아, ~을 받아들여 | 反対意見(はんたいいけん)を受(う)けて、修正案(しゅうせいあん)を作成(さくせい)する<br>반대 의견을 받아들여, 수정안을 작성하다 |
| 010 | **~を限(かぎ)りに** ~을 끝으로 | このセールを限(かぎ)りに 이 세일을 끝으로 |
| 011 | **~を皮切(かわき)りに** ~을 시작으로 | スピーチ大会(たいかい)をかわきりに 웅변대회를 시작으로 |
| 012 | **~を機(き)に** ~을 계기로, ~을 기회로 | 創立(そうりつ)20周年(しゅうねん)を機(き)に 창립 20주년을 계기로 |
| 013 | **~を経(へ)て** ~을 거쳐 | 議会(ぎかい)の承認(しょうにん)を経(へ)て 의회의 승인을 거쳐 |

## 원인·이유

| | | |
|---|---|---|
| 014 | **~ことだし** ~하니까 | 雨(あめ)もやんだことだし 비도 그쳤으니까 |
| 015 | **~こととて** ~이어서 | 慣(な)れぬこととて 익숙하지 않아서 |

| | | |
|---|---|---|
| 016 | **～だけあって・～だけに**<br>～인 만큼 (당연히), ～이기 때문에 (역시) | 有名な観光地だけあって、山からの眺めはすばらしかった<br>유명한 관광지인 만큼, 산에서 본 경치는 훌륭했다 |
| 017 | **～ではあるまいし** ～도 아닐테고 | 子どもではあるまいし 애도 아닐 테고 |
| 018 | **～ゆえに** ～해서, ～하기 때문에 | 失敗を恐れるがゆえに 실패를 두려워해서 |

## 조건

| | | |
|---|---|---|
| 019 | **～次第** ～에 달려 있음, ～나름 | 勝負はその日の体調次第だ<br>승부는 그 날의 컨디션에 달려 있다 |
| 020 | **～たが最後** 한 번 ～했다 하면 | 信用は一度なくしたが最後<br>신용은 한 번 잃었다 하면 |
| 021 | **～とあれば** ～라면 | お金のためとあれば 돈을 위해서라면 |
| 022 | **～なくして(は)** ～없이(는) | 努力なくしては 노력 없이는 |
| 023 | **～なしに(は)** ～없이(는) | 涙なしには語れない 눈물 없이는 말할 수 없다 |
| 024 | **～に言わせれば・～に言わせると**<br>～에게 말하라고 한다면, ～의 의견으로는 | 10,000円という値段は、父に言わせれば安い方らしい<br>10,000엔이라는 가격은 아버지의 의견으로는 저렴한 편인 것 같다 |
| 025 | **～にすれば・～にしたら**<br>～이라면, ～입장에서는 | その出来事は私にすれば驚きだった<br>그 사건은 내 입장에서는 놀라운 것이었다 |
| 026 | **～ばそれまでだ** ～하면 그것으로 끝이다 | 落としてしまえばそれまでだ<br>떨어뜨려버리면 그것으로 끝이다 |
| 027 | **～ものなら** ①～라도 하게 되면, ～했다가는<br>②～할 수만 있다면 | 間違いをしようものなら 실수라도 하게 되면<br>子どものころに戻れるものなら<br>어린 시절로 돌아갈 수만 있다면 |

## 역접

| | | |
|---|---|---|
| 028 | **～たところで** ～해 보았자, ～한들 | いくら急いだところで 아무리 서둘러 보았자 |
| 029 | **～だろうに** ～텐데 | 合格できただろうに 합격할 수 있었을 텐데 |
| 030 | **～であれ** ～이든, ～라도 | 理由は何であれ 이유는 무엇이든 |
| 031 | **～と思いきや** ～라고 생각했는데 | 風邪が治ったと思いきや<br>감기가 나았다고 생각했는데 |

| | | |
|---|---|---|
| 032 | **~ところを** ~한 중에, ~한데도 | 本日はお忙しいところを 오늘은 바쁘신데도 |
| 033 | **~とはいえ** ~라고는 해도 | 仕事が忙しいとはいえ 일이 바쁘다고는 해도 |
| 034 | **~ながらも** ~라 할지라도, ~하지만 | 小さいながらも 작지만 |
| 035 | **~ものを** ~텐데 | 何とかしてあげたものを 어떻게든 해 주었을 텐데 |
| 036 | **~(よ)うが・~(よ)うと** ~하더라도 | 何年かかろうと 몇 년이 걸릴지라도 |

## 의지·목적

| | | |
|---|---|---|
| 037 | **~てみせる** ~해 보이겠다, ~하고야 말겠다 | 合格してみせる 합격하고야 말겠다 |
| 038 | **~(よ)うにも~(でき)ない**<br>~하려고 해도 ~할 수 없다 | 起きようにも起きられなかった<br>일어나려고 해도 일어날 수 없었다 |
| 039 | **~んがため(に)** ~하기 위해(서) | 真実を明らかにせんがため 진실을 밝히기 위해 |

## 추측

| | | |
|---|---|---|
| 040 | **~ごとき** ~같은 | 別世界にいるかのごとき思い<br>별천지에 있는 것 같은 생각 |
| | **~ごとく** ~같이, ~처럼 | 氷のごとく冷たい人だ 얼음같이 차가운 사람이다 |
| 041 | **~とばかりに** ~라는 듯이 | 何も聞きたくないとばかりに<br>아무것도 듣고 싶지 않다는 듯이 |
| 042 | **~とみえる / ~とみえて**<br>~한 것 같다 / ~한 것인지 | 車がほしいとみえて 차를 갖고 싶은 것인지 |
| 043 | **~んばかりに** ~한 듯이 | 泣き出さんばかりに 울음을 터뜨릴 듯이 |

## 한정의 의미를 강조하는 표현

| | | |
|---|---|---|
| 044 | **~限り** ~하는 한 | 説明書を読まないかぎり 설명서를 읽지 않는 한 |
| 045 | **~だに** ~하는 것만으로도, ~조차 | 想像するだに恐ろしい<br>상상하는 것만으로도 두렵다 |
| 046 | **~て(こそ)はじめて** ~해서야 비로소 | 一人で生活してはじめて<br>혼자서 생활해서야 비로소 |
| 047 | **~ならではの** ~만의 | 本場ならではの味だ 본고장만의 맛이다 |

| | | |
|---|---|---|
| 048 | **～にして** ～라도<br>**=～さえ(～できない)** | 数学(すうがく)の先生(せんせい)にして解(と)けない<br>수학 선생님이라도 풀 수 없다 |
| 049 | **～にしてはじめて** ～이기에 비로소<br>**=だからこそ(出来(でき)るのだ)** | 村山(むらやま)さんにしてはじめて<br>무라야마 씨이기에 비로소 |
| 050 | **～ばこそ** ～이기에 | 温(あたた)かい家庭(かてい)があればこそ 따뜻한 가정이 있기에 |
| 051 | **～をおいて～ない** ～를 제외하고 ～없다 | 彼(かれ)をおいて、ほかにはいない<br>그를 제외하고 달리 없다 |

## 쌍으로 쓰이는 표현

| | | |
|---|---|---|
| 052 | **～つ～つ** ～하기도 하고 ～하기도 하고 | 山(やま)が見(み)えつ隠(かく)れつしていた<br>산이 보였다 안 보였다 했다 |
| 053 | **～であれ～であれ** ～든 ～든 | 海(うみ)であれ山(やま)であれ 바다든 산이든 |
| 054 | **～といい～といい** ～며 ～며, ～도 ～도 | 色(いろ)といいデザインといい 색도 디자인도 |
| 055 | **～といわず～といわず**<br>～며 ～며 할 것 없이 | 日本酒(にほんしゅ)と言(い)わずビールと言わず<br>청주며 맥주며 할 것 없이 |
| 056 | **～なり～なり** ～든지 ～든지 | 本(ほん)を読(よ)むなりテレビを見(み)るなり<br>책을 읽든지 텔레비전을 보든지 |
| 057 | **～(よ)うが～まいが・～(よ)うと～まいと**<br>～하든 안 하든 | 勉強(べんきょう)しようとしまいと(しようがしまいが)<br>공부하든 안 하든 |

## 상황묘사

| | | |
|---|---|---|
| 058 | **～きらいがある**<br>～하는 (좋지 않은) 경향이 있다 | 悪(わる)い方(ほう)に考(かんが)えるきらいがある<br>나쁜 쪽으로 생각하는 경향이 있다 |
| 059 | **～つつある** ～하고 있다 | 新(あたら)しいビルが完成(かんせい)しつつある<br>새로운 빌딩이 완성되고 있다 |
| 060 | **～ともなしに・～ともなく** 무심코～ | 見(み)るともなしに見ていた 무심코 보고 있었다 |
| 061 | **～ながらに** ～하면서 | 涙(なみだ)ながらに語(かた)った 눈물을 흘리며 이야기했다 |
| 062 | **～にあって** ～에서 | 責任者(せきにんしゃ)という立場(たちば)にあって 책임자라는 입장에서 |
| 063 | **～にいたって** ～에 이르러서 | マスコミで騒(さわ)がれるにいたって<br>매스컴에서 화제가 되기에 이르러서 |
| 064 | **～に即(そく)して** ～에 입각하여 | 現状(げんじょう)に即(そく)して 현 상황에 입각해서 |

| | | |
|---|---|---|
| 065 | ～にたえない 차마 ～할 수 없다 | まったく聞くにたえない<br>정말이지 차마 듣고 있을 수 없다 |

## 상황의 강조

| | | |
|---|---|---|
| 066 | ～か否か ～인지 어떨지 | できるか否か 할 수 있을지 어떨지 |
| 067 | ～限りだ ～하기 짝이 없다 | 悔しいかぎりだ 분하기 짝이 없다 |
| 068 | ～極まる・～極まりない ～하기 짝이 없다 | 危険極まりない 위험하기 짝이 없다 |
| 069 | ただ～のみ 단지(그저) ～뿐 | 後はただ実行するのみだ<br>앞으로는 그저 실행할 뿐이다 |
| 070 | ～てまで ～해서까지 | 借金してまで買うのは 빚을 내서까지 사는 것은 |
| 071 | ～というものだ (바로) ～인 것이다 | 難しいからこそやりがいがあるというものだ<br>어렵기에 보람이 있는 것이다 |
| | ～というものではない<br>(반드시) ～인 것은 아니다 | 商品は、単に値段が安ければ売れるというものではない<br>상품은 단순히 가격이 싸면 팔리는 것은 아니다 |
| 072 | ～といったらない 매우 ～하다<br>＝～ったらない | 恥ずかしいといったらなかった<br>매우 부끄러웠다 |
| 073 | ～とは ～라니 | 小学生が解いたとは驚きだ<br>초등학생이 풀었다니 놀랍다 |
| 074 | ～ないまでも ～까지는 하지 않더라도 | 最高の出来とはいえないまでも<br>최고의 작품이라고는 할 수 없어도 |
| 075 | ～にたる ～할 만한 | 信頼にたる人だ 신뢰할 만한 사람이다 |
| 076 | ～ばかりになっている ～하기만 하면 된다 | 刈り入れを待つばかりになっている<br>수확을 기다리기만 하면 된다 |
| 077 | ～はしない ～하지는 않는다, ～하지는 않겠다 | 決してくじけはしない 결코 좌절하지는 않겠다 |
| 078 | ～まじき ～해서는 안 될 | 許すまじきことだ 용서해서는 안 될 일이다 |
| 079 | ～もさることながら ～도 그러하지만 | 価格やデザインもさることながら<br>가격이나 디자인도 그러하지만 |
| 080 | ～ように ～하기를〈문말〉 | 一日も早くお元気になりますように。<br>하루라도 빨리 건강해지시기를. |

## 대상의 강조

| | | |
|---|---|---|
| 081 | **～あっての** ～가 있고 나서야 | 小さな成功も努力あってのことだ<br>작은 성공도 노력이 있기에 가능한 일이다 |
| 082 | **～かねる** ～하기 어렵다, ～하기 곤란하다 | あなたの意見には賛成しかねます<br>당신의 의견에는 찬성하기 어렵습니다 |
| 083 | **～からある** ～이나 되는〈크기·무게·길이 등〉 | 300ページからある小説を<br>300페이지나 되는 소설을 |
| 084 | **～からなる** ～으로 구성되는 〈요소·내용 등〉 | 多民族から成っている国<br>다민족으로 구성되어 있는 나라 |
| 085 | **～きる / ～きれる / ～きれない**<br>전부 ～하다 / 전부 ～할 수 있다 / 전부 ～할 수 없다 | 持っているお金は使いきった<br>갖고 있는 돈은 다 써버렸다 |
| 086 | **～すら** ～조차, ～도 | 食事をする時間すら 식사를 할 시간조차 |
| 087 | **～そびれる** ～하려다 못하다 | 寝そびれてしまった 잠을 설쳐 버렸다 |
| 088 | **～たりとも** ～이라도 | 一瞬たりとも油断はできない<br>한순간이라도 방심할 수 없다 |
| 089 | **～たるもの** ～된 자는 | 教育者たるもの 교육자 된 자는 |
| 090 | **～でなくてなんだろう**<br>～이 아니고 무엇이란 말인가! | これが幸せでなくてなんだろう<br>이것이 행복이 아니고 무엇이란 말인가! |
| 091 | **～といえども** ～이라 할지라도 | 子供向けの絵本といえども<br>아동용 그림책이라 할지라도 |
| 092 | **～といったところだ** (기껏해야) ～정도이다 | 200人といったところだろう<br>200명 정도일 것이다 |
| 093 | **～ときたら** ～은, ～으로 말할 것 같으면 | 彼の答案ときたら、字が汚くて読みにくい<br>그의 답안은 글씨가 깨끗하지 않아서 읽기 힘들다 |
| 094 | **～としたところで** ～라고는 해도<br>**＝～にしたところで** | すべてできたとしたところで<br>모두 끝났다고는 해도 |
| 095 | **～ともなると・～ともなれば**<br>～라도 되면, ～쯤 되면 | 上級クラスともなると 상급반쯤 되면 |
| 096 | **～ならいざしらず** ～라면 몰라도 | 真夏ならいざしらず 한여름이라면 몰라도 |
| 097 | **～なりに** ～나름대로 | 私なりに考えてみた 내 나름대로 생각해 보았다 |
| | **～なりの** ～나름의 | 金持ちは金持ちなりの 부자는 부자 나름의 |
| 098 | **～にかかっている** ～에 달려 있다 | あなたの熱意にかかっている<br>당신의 열의에 달려 있다 |
| 099 | **～にとどまらず** ～에 그치지 않고 | 和食にとどまらず、洋食や中華と幅広い<br>일식에 그치지 않고, 양식이나 중화요리로 폭이 넓다 |

| | | |
|---|---|---|
| 100 | **～にのぼる** ～에 달하다 〈수량의 강조〉, ～에 오르다 〈화제〉 | 死者数は数千人にのぼる<br>사망자수는 수 천명에 달한다<br>地震のことが話題にのぼる<br>지진이 화제에 오르다 |
| 101 | **～によるところが大きい**<br>～에 의한 바가 크다, ～에 힘입은 바가 크다 | 彼の成功は、周囲の人たちの協力によるところが大きい<br>그의 성공은 주변 사람들의 협력에 힘입은 바가 크다 |
| 102 | **～の至りだ** ～하기 그지없다 | 光栄の至りです 영광스럽기 그지없습니다 |
| 103 | **～の極みだ** ～하기 그지없다 | 痛恨の極みです 통탄스럽기 그지없습니다 |
| 104 | **～は言うに及ばず** ～은 말할 것도 없고 | 学力は言うに及ばず 학력은 말할 것도 없고 |
| 105 | **～はおろか** ～은커녕, ～은 고사하고 | 優勝はおろか入賞も果たせなかった<br>우승은커녕 입상도 할 수 없었다 |
| 106 | **～はさておき** ～은 어쨌든, ～은 제쳐놓고 | 見た目はさておき 외관이야 어쨌든 |
| 107 | **～を余儀なくされる** 어쩔 수 없이 ～하게 되다 | 中止を余儀なくされた<br>어쩔 수 없이 취소하게 되었다 |

## ない 및 부정의 표현

| | | |
|---|---|---|
| 108 | **～て(は)かなわない** ～해서(는) 견딜 수가 없다 | うるさくてかなわない 시끄러워서 견딜 수가 없다 |
| 109 | **～てはばからない** ～하기를 주저하지 않는다 | 傑作だと言ってはばからない<br>걸작이라고 말하기를 주저하지 않는다 |
| 110 | **～てもさしつかえない** ～해도 괜찮다 | 早く帰ってもさしつかえない 일찍 돌아가도 좋다 |
| 111 | **～てやまない** ～해 마지않다, 간절히 ～하다 | 幸せを願ってやまない 행복을 간절히 바란다 |
| 112 | **～といっても過言ではない**<br>～라고 해도 과언이 아니다 | 日本人の年中行事といっても過言ではない<br>일본인의 연중행사라고 해도 과언이 아니다 |
| 113 | **～とは限らない** ～라고는 (단정)할 수 없다 | 値段が高いからといって質がいいとは限らない<br>가격이 비싸다고 해서 질이 좋다고는 할 수 없다 |
| 114 | **～ないものでもない** ～못 할 것도 없다 | 引き受けないものでもない 맡지 못 할 것도 없다 |
| 115 | **～に(は)あたらない** ～할 필요 없다 | 非難するにはあたらない 비난할 필요 없다 |
| 116 | **～に(は)及ばない** ～할 필요 없다 | わざわざ予約をするには及ばないでしょう<br>일부러 예약을 할 필요는 없겠지요 |
| 117 | **～にかたくない**<br>～하기에 어렵지 않다, ～하고도 남는다 | 親の心配は、察するにかたくない<br>부모의 걱정은 헤아리고도 남는다 |

| | | |
|---|---|---|
| 118 | ～に越したことはない<br>～하는 것이 제일이다 | 自分で解決するにこしたことはない<br>스스로 해결하는 것이 제일이다 |
| 119 | ～まい ～하지 않겠다, ～하지 않을 것이다 | 何があっても諦めるまい<br>무슨 일이 있어도 포기하지 않겠다 |
| | | 明日は雨は降るまい 내일은 비는 오지 않을 것이다 |
| 120 | ～までもない ～할 필요도 없다 | タクシーに乗るまでもない<br>택시를 탈 필요도 없다 |
| 121 | ～を禁じえない ～을 금할 수가 없다 | 同情を禁じえない 동정을 금할 수가 없다 |
| 122 | ただ～のみならず 단지 ～뿐만 아니라 | ただ勇敢であるのみならず<br>단지 용감할 뿐만 아니라 |
| 123 | ひとり～のみならず 단지 ～뿐만 아니라 | ひとり日本のみならず 단지 일본뿐만 아니라 |
| 124 | ～ずにはおかない ～하고야 말겠다<br>＝～ないではおかない | 謝らせずにはおかない 사과하게 하고야 말겠다 |
| 125 | ～ずにはすまない ～해야 한다<br>＝～ないではすまない | お見舞いに行かずにはすまない<br>병문안 가야 한다 |
| 126 | ～ねばならない ～해야 한다 | 指示に従わねばならない 지시에 따라야 한다 |

## だ로 끝나는 표현

| | | |
|---|---|---|
| 127 | ～始末だ ～꼴(형편, 지경)이다 | 過労で倒れる始末だ 과로로 쓰러지는 지경이다 |
| 128 | ～ずじまいだ ～하지 못하고 말다 | 結局答えは分からずじまいだった<br>결국 답은 알지 못하고 말았다 |
| 129 | ～だけましだ ～만으로도 다행이다 | 給料がもらえるだけましだ<br>급여를 받을 수 있는 것만으로도 다행이다 |
| 130 | ～まで(のこと)だ ～하면 된다 | 日帰り旅行にするまでだ<br>당일치기 여행으로 하면 된다 |

## 앞뒤말의 관계를 나타내는 표현

| | | |
|---|---|---|
| 131 | ～いかん ～여하 | 本人の努力いかんによる<br>본인의 노력 여하에 달려 있다 |
| | ～いかんによらず ～여하에 관계없이<br>＝～いかんにかかわらず | 事情のいかんによらず 사정 여하에 관계없이 |
| | | 選挙結果のいかんにかかわらず<br>선거 결과 여하에 관계없이 |
| | ～いかんを問わず ～여하를 불문하고 | 理由のいかんを問わず 이유 여하를 불문하고 |
| 132 | ～と～(と)があいまって ～와 ～가 맞물려 | 長期不況と晩婚化とがあいまって<br>장기 불황과 만혼화가 맞물려 |

| | | |
|---|---|---|
| 133 | ~とあって ~이라서 | 年末セールとあって 연말 세일이라서 |
| 134 | ~にかかわる ~에 관계되는 | 人の命にかかわること 사람의 생명과 관계되는 것 |
| 135 | ~にかこつけて ~을 구실로, ~을 구실 삼아 | 研修にかこつけて海外旅行に行く<br>연수를 구실로 해외 여행을 간다 |
| 136 | ~にひきかえ ~와는 반대로 | 去年にひきかえ、今年は雨が多い<br>작년과는 반대로 올해는 비가 많이 내린다 |
| 137 | ~にもまして ~보다 더 | 自分の進学問題にもまして<br>자신의 진학 문제보다 더 |
| 138 | ~をおして ~을 무릅쓰고 | 周囲の反対をおして 주위의 반대를 무릅쓰고 |
| 139 | ~をもって ~으로 | プレゼントの発送をもって 선물 발송으로 |
| 140 | ~をものともせず ~에도 아랑곳하지 않고 | 数々の失敗をものともせず<br>수많은 실패에도 아랑곳하지 않고 |
| 141 | ~をよそに ~에도 아랑곳하지 않고 | 医者の忠告をよそに<br>의사의 충고에도 아랑곳하지 않고 |

## 접미어 표현

| | | |
|---|---|---|
| 142 | ~ずくめ ~일색, 온통 ~ | 今年はいいことずくめだった<br>올해는 좋은 일만 가득했다 |
| 143 | ~まみれ ~투성이 | ほこりまみれだった 먼지투성이였다 |
| 144 | ~めく ~다워지다, ~의 경향을 띠다 | 皮肉めいた言い方が気に障った<br>비꼬는 듯한 말투가 비위에 거슬렸다 |

## べき를 응용한 문장

| | | |
|---|---|---|
| 145 | ~べく ~하기 위해 | 問題点を改善すべく 문제점을 개선하기 위해 |
| 146 | ~べくして ~할 만해서 | 落ちるべくして落ちたのだ<br>떨어질 만해서 떨어진 것이다 |
| 147 | ~べからず ~하지 말 것 | 川には入るべからず 강에는 들어가지 말 것 |
| 148 | ~べからざる ~해서는 안 될 | だれが見ても疑うべからざる事実<br>누가 봐도 의심해서는 안 될 사실 |
| 149 | ~べくもない ~할 수 없다 | 大学合格など望むべくもない<br>대학 합격 같은 것은 바랄 수 없다 |
| 150 | ~てしかるべきだ ~해야 마땅하다 | 謝罪してしかるべきだ 사죄해야 마땅하다 |

# N1문법 색인

* 색인과 함께 문법 학습에 대한 체크 목록으로 활용하세요.

## あ



## か

## さ



## た

## な

## は

## N2 필수 문법 100선

| | | |
|---|---|---|
| 001 | ～あげく ～한 끝에 | あれこれ質問(しつもん)に答(こた)えさせられたあげく<br>이것저것 질문에 (억지로) 대답한 끝에 |
| 002 | ～あまり ～한 나머지 | 緊張(きんちょう)のあまり、声(こえ)が震(ふる)えてしまった<br>긴장한 나머지, 목소리가 떨리고 말았다 |
| 003 | ～以上(いじょう) ～하는 이상 | お客様(きゃくさま)に食事(しょくじ)をお出(だ)しする以上(いじょう)<br>손님에게 식사를 내놓는 이상 |
| 004 | ～一方(いっぽう)だ ～하기만 한다 | 家の中は物(もの)が増(ふ)える一方(いっぽう)だ<br>집안은 물건이 늘기만 한다 |
| 005 | ～一方(いっぽう)で ～하는 한편으로 | 車(くるま)は便利(べんり)である一方(いっぽう)で交通事故(こうつうじこ)のもとにも<br>차는 편리한 한편으로 교통사고의 원인으로도 |
| 006 | ～上(うえ)で ～하고 나서, ～한 후에 | 利用規約(りようきやく)をご覧(らん)になった上(うえ)で<br>이용규약을 보신 후에 |
| 007 | ～上(うえ)に ～한 데다가 | 客(きゃく)の注文(ちゅうもん)を間違(まちが)えたうえに皿(さら)を割(わ)る<br>손님의 주문을 틀린 데다가 접시를 깨다 |
| 008 | ～うちに ～하는 동안에, ～하는 사이에 | かばんからカメラを取(と)り出(だ)そうとしているうちに<br>가방에서 카메라를 꺼내려고 하는 사이에 |
| 009 | ～うる ～할 수 있다 | 十分(じゅうぶん)ありうることだった<br>충분히 있을 수 있는 일이었다 |
| 010 | ～おかげで ～덕분에 | パソコン教室(きょうしつ)の講師(こうし)になったおかげで<br>컴퓨터 교실의 강사가 된 덕분에 |
| 011 | ～おそれがある ～우려가 있다 | 副作用(ふくさよう)のおそれがある 부작용의 우려가 있다 |
| 012 | ～かけ ～하던 도중임 | 食べかけのケーキ 먹다만 케이크 |
| 013 | ～がち 자주 ～하는, ～하기 쉬운 | 相手(あいて)もうれしいとつい思ってしまいがちだが<br>상대도 좋아한다고 그만 생각해버리기 쉽지만 |
| 014 | ～か～ないかのうちに(ころ)<br>～하자마자(막 ～했을 즈음) | 小学校(しょうがっこう)に入(はい)るか入らないかのころ<br>초등학교에 막 들어갔을 즈음 |
| 015 | ～かねない ～할 가능성이 있다 | 事故(じこ)を起(お)こしかねない<br>사고를 일으킬 가능성이 있다 |
| 016 | ～かのようだ 마치 ～인 것 같다 | どこか知らない町(まち)に来たかのような<br>어딘가 모르는 동네에 온 것 같은 |
| 017 | ～からして ～부터가 | 責任者(せきにんしゃ)である彼に伝(つた)わっていないことからしておかしい<br>책임자인 그에게 전달되지 않은 것부터가 이상하다 |
| 018 | ～からすると ～로 보아, ～입장에서 보면 | 彼の態度(たいど)からすると 그의 태도로 보아 |
| 019 | ～からといって ～라고 해서 | 多くとったからといって 많이 섭취했다고 해서 |

| | | |
|---|---|---|
| 020 | **~から~にかけて** ~부터 ~에 걸쳐 | おとといから今日にかけて<br>그저께부터 오늘에 걸쳐 |
| 021 | **~からには** ~한 이상에는 | いったん仕事を引き受けたからには<br>일단 일을 맡은 이상은 |
| 022 | **~からみると** ~로 보아 | この成績からみると 이 성적으로 보아 |
| 023 | **~かわりに** ~대신에 | 社長の代わりに山田部長が<br>사장님 대신에 야마다 부장이 |
| 024 | **~きり** ~한 채 | 一度会ってそれっきりだから<br>한번 만나고 그것으로 끝이니까 |
| 025 | **~くせに** ~한데도, ~한 주제에 | 私を見るとすぐに逃げるくせに<br>나를 보면 바로 도망치는 주제에 |
| 026 | **~くらい** ~정도로 | 新車と変わらないくらい 새차와 다름없을 정도로 |
| 027 | **~ことか** ~한가!, ~란 말인가! | どんなに心配したことか 얼마나 걱정했던가! |
| 028 | **~ことだ** ~해야 한다, ~하는 것이 좋다 | できるかどうか、まずはやってみることだ<br>할 수 있는지 어떤지 우선은 해 봐야 한다 |
| 029 | **~ことだから** ~라서, ~이니까 | 優しい彼女のことだから 상냥한 그녀니까 |
| 030 | **~ことに** ~하게도 | 残念なことに 유감스럽게도 |
| 031 | **~ことはない** ~할 필요 없다 | 元気に遊んでいるなら、慌てることはありません<br>활발하게 놀고 있다면 당황할 필요는 없습니다 |
| 032 | **~さい(際)** ~때, 경우 | 出かける際は 외출할 때는 |
| 033 | **~さえ** ~조차 | 脳科学の研究が進んだと言われる現代においてさえ<br>뇌과학 연구가 진보했다고들 하는 현대에서조차 |
| 034 | **~さえ~ば** ~만 ~하면 | 水やりを忘れさえしなければ<br>물주는 것을 잊지만 않으면 |
| 035 | **~ざるを得ない** ~하지 않을 수 없다 | 残念だが延期せざるを得ない<br>유감스럽지만 연기하지 않을 수 없다 |
| 036 | **~しかない** ~할 수밖에 없다 | 自分の力で頑張ってもらうしかない<br>자기 힘으로 분발해 줄 수밖에 없다 |
| 037 | **~次第** ~하는 대로(즉시) | 場所は決まり次第、お知らせします<br>장소는 정해지는 대로 알려 드리겠습니다 |
| 038 | **~末に** ~한 끝에 | 激しい攻撃に耐えぬいた末に<br>격렬한 공격을 견뎌낸 끝에 |
| 039 | **~ずにはいられない** ~하지 않을 수 없다 | 助けずにはいられない 도와주지 않을 수 없다 |
| 040 | **~せい** ~탓 | 寝不足のせいで 잠이 부족한 탓에 |

| | | |
|---|---|---|
| 041 | **たとえ～ても** 비록 ～해도, 설령 ～할지라도 | たとえ遠(とお)く離(はな)れても 설령 멀리 떨어져 있어도 |
| 042 | **～たところ** ～했더니 | 調(しら)べてみたところ 조사해 봤더니 |
| 043 | **～たとたん** ～한 순간, ～하자마자 | 母親(ははおや)の顔(かお)を見(み)たとたん 엄마 얼굴을 보자마자 |
| 044 | **～たばかりに** ～한 탓에 | 僕(ぼく)がミスをしたばかりに 제가 실수를 한 탓에 |
| 045 | **～たびに** ～할 때마다 | 出張(しゅっちょう)に行くたびに泊(と)まっていたホテル<br>출장을 갈 때마다 묵었었던 호텔 |
| 046 | **～ついでに** ～하는 김에 | 仕事(しごと)で大阪(おおさか)に行ったついでに<br>업무차 오사카에 간 김에 |
| 047 | **～て以来(いらい)** ～한 이래로 | 高校(こうこう)を卒業(そつぎょう)して以来(いらい)会っていない<br>고등학교를 졸업한 이래로 만나지 않았다 |
| 048 | **～てからでないと** ～하고 나서가 아니면 | 哲学(てつがく)Ⅰの単位(たんい)を取得(しゅとく)してからでないと<br>철학Ⅰ 학점을 취득하고 나서가 아니면 |
| 049 | **～てたまらない**<br>～해서 견딜 수 없다 (너무 ～하다) | 悔(くや)しくてたまらない 너무 분하다 |
| 050 | **～てならない**<br>～해서 견딜 수 없다 (너무 ～하다) | 大事(だいじ)な場面(ばめん)でのミスが悔(く)やまれてならない<br>중요한 상황에서의 실수가 분해서 견딜 수 없다 |
| 051 | **～ということだ** ～라고 한다 | 価格(かかく)が高(たか)くなっても問題(もんだい)ないということだ<br>가격이 비싸져도 문제없다고 한다 |
| 052 | **～といっても** ～라고 해도 | 日本一(にっぽんいち)と言っても過言(かごん)ではないだろう<br>일본 제일이라고 해도 과언이 아닐 것이다 |
| 053 | **～とおり(に)** ～대로 | スケジュールどおりに仕事(しごと)を進(すす)める<br>스케줄대로 업무를 진행하다 |
| 054 | **～どころか** ～는커녕 | 満足(まんぞく)な回答(かいとう)ができなかったどころか<br>만족스러운 대답을 할 수 없었기는커녕 |
| 055 | **～どころではない** ～할 상황이아니다 | 旅行(りょこう)するどころではない 여행갈 상황이 아니다 |
| 056 | **～ところに / ～ところへ**<br>～하는 때에 / ～하는 상황에 | 食事(しょくじ)をしているところに 식사를 하고 있는 때에 |
| 057 | **～としたら・～とすれば**<br>～한다고 한다면 | 石川(いしかわ)さんでないとすれば、誰(だれ)なのだろう<br>이시카와 씨가 아니라고 한다면 누굴까? |
| 058 | **～とともに** ～과 함께 | 人口(じんこう)が増加(ぞうか)するとともに 인구가 증가함과 함께 |
| 059 | **～ないことには** ～하지 않고서는 | 応募(おうぼ)しないことには、何も進(すす)みません<br>응모하지 않고서는 아무것도 진행되지 않습니다 |
| 060 | **～ないことはない** ～못 할 것도 없다 | これぐらいの問題(もんだい)なら解(と)けないことはない<br>이 정도의 문제라면 풀지 못할 것도 없다 |
| 061 | **～ながら** ～하지만 | 動物(どうぶつ)の彫刻(ちょうこく)作品(さくひん)はシンプルながら<br>동물의 조각작품은 심플하지만 |
| 062 | **～にあたって** ～에 즈음하여, ～때에 | 旅行(りょこう)の出発(しゅっぱつ)にあたって 여행 출발에 즈음하여 |

| | | |
|---|---|---|
| 063 | **〜にかかわらず** 〜에 관계없이 | 男女にかかわらずだれでも<br>남녀에 관계없이 누구나 |
| 064 | **〜にかけては** 〜에 있어서는, 〜에 관한 한 | 音楽を作る才能にかけては<br>음악을 만드는 재능에 있어서는 |
| 065 | **〜にきまっている** 반드시 〜하게 되어 있다 | 頼んでも、無理だと言われるに決まっているが<br>부탁해도 무리라고 들을 게 뻔하지만 |
| 066 | **〜にこたえて** 〜에 부응하여 | 利用者の声にこたえて 이용자의 의견에 부응하여 |
| 067 | **〜にさいして** 〜에 즈음하여 | 内田課長の転勤に際して<br>우치다 과장님의 전근에 즈음하여 |
| 068 | **〜にさきだって** 〜에 앞서 | 試合に先立って 시합에 앞서 |
| 069 | **〜にしたがって** 〜에 따라 | 物価が上がるに従って 물가가 오름에 따라 |
| 070 | **〜にしては** 〜치고는 | 山道を走るバスに揺られながらにしては<br>산길을 달리는 버스에 흔들리면서 한 것 치고는 |
| 071 | **〜にすぎない** 〜에 지나지 않다 | まだほんの一部にすぎない<br>아직 그저 일부에 지나지 않는다 |
| 072 | **〜にたいして / 〜にたいする**<br>〜에 대해서 / 〜에 대한 | 脱税を行った疑いがあるなどと報じられたことに対し<br>탈세를 한 혐의가 있는 등 보도된 것에 대해 |
| 073 | **〜について** 〜에 대해서 | 日本の近代史について 일본의 근대사에 대해서 |
| 074 | **〜につれて** 〜에 따라 | 夕方が近づくにつれてピンクへと変化していく<br>저녁이 다가옴에 따라 핑크로 변화해 간다 |
| 075 | **〜にとって** 〜에게 있어서, 〜에게 | あなたにとって一番大切な思い出<br>당신에게 있어서 가장 소중한 추억 |
| 076 | **〜にともなって・〜にともない** 〜에 따라 | 急激な経済成長にともない<br>급격한 경제성장에 따라 |
| 077 | **〜にほかならない** 다름 아닌 〜이다 | 信頼できる仲間がいたからにほかならない<br>다름 아닌 신뢰할 수 있는 동료가 있었기 때문이다 |
| 078 | **〜にもかかわらず** 〜에도 불구하고 | 原因はA社の工場にあることが明らかになったにもかかわらず<br>원인은 A사의 공장에 있는 것이 밝혀졌음에도 불구하고 |
| 079 | **〜に基づいて** 〜에 근거하여 | これまでの調査に基づいて<br>지금까지의 조사에 근거하여 |
| 080 | **〜によって** 〜에 의해 | 「音楽の夢」によって豊かな社会の実現に寄与する<br>'음악의 꿈'에 의해 풍요로운 사회의 실현에 기여한다 |
| 081 | **〜にわたって / 〜にわたる**<br>〜에 걸쳐서 / 〜에 걸친 | 約700メートルにわたって 약 700미터에 걸쳐서 |

| | | |
|---|---|---|
| 082 | **～のみならず** ～뿐만 아니라 | 日本国内のみならず海外でも<br>일본 국내 뿐만 아니라 해외에서도 |
| 083 | **～ば～ほど** ～하면 ～할수록 | 見れば見るほどおもしろい 보면 볼수록 재미있다 |
| 084 | **～はもちろん・～はもとより**<br>～은 물론 | 生徒はもとより保護者からの信頼も厚い<br>학생은 물론 보호자의 신뢰도 두텁다 |
| 085 | **～べきだ** ～해야 한다〈당연〉 | レポートを作成する上で注意すべきことは<br>리포트를 작성하는 데 있어서 주의해야 할 점은 |
| 086 | **～ほど** ～할 정도 | 希望の職につけるほど世間は甘くないらしい<br>희망하는 직업을 갖을 정도로 세상은 녹록치 않은 것 같다 |
| 087 | **～もかまわず** ～도 상관하지 않고,<br>～도 개의치 않고 | 人目もかまわず大声で泣いた<br>남의 시선도 상관하지 않고 큰소리로 울었다 |
| 088 | **～ものか** ～하나 봐라! , ～하지 않겠다〈강한 부정〉 | あんなまずいレストランには二度と行くものか<br>저런 맛없는 레스토랑에 두 번 다시 가나 봐라! |
| 089 | **～ものだから** ～하기 때문에 | 母が入院したものですから<br>엄마가 입원했기 때문에 |
| 090 | **～ようがない** ～할 수가 없다 | これ以上きれいにしようがないくらい<br>더이상 깨끗하게 할 수 없을 정도로 |
| 091 | **～ように** ～하도록 | 迷ってしまったということのないように<br>헤맸다는 일이 없도록 |
| 092 | **～わけがない** ～할 리가 없다 | 今ここにいるわけないじゃない<br>지금 여기에 있을 리가 없잖아 |
| 093 | **～わけではない** (반드시) ～하는 것은 아니다 | 必ずしも最初から順調だったわけではない<br>꼭 처음부터 순조로웠던 것은 아니다 |
| 094 | **～わけにはいかない** ～할 수가 없다 | 大事な会議があるから、休むわけにはいかない<br>중요한 회의가 있어서 쉴 수가 없다 |
| 095 | **～わりに** ～에 비해서 | よく食べるわりには、太らない<br>잘 먹는 것에 비해서는 살이 안 찐다 |
| 096 | **～をきっかけに** ～을 계기로 | 日本旅行をきっかけに 일본여행을 계기로 |
| 097 | **～を契機に** ～을 계기로 | 就職を契機に 취직을 계기로 |
| 098 | **～をとわず** ～을 불문하고 | 初心者、経験者を問わず<br>초보자, 경험자를 불문하고 |
| 099 | **～をはじめ** ～을 비롯하여 | 社長をはじめ、多くの人が賛成している<br>사장을 비롯하여 많은 사람들이 찬성하고 있다 |
| 100 | **～をめぐって** ～을 둘러싸고 | 学校の移転をめぐって 학교 이전을 둘러싸고 |

# 예문 해석

## 001~030

**001** 성적 향상은 본인의 의욕 **여하**에 달려 있다.
내일의 날씨 **여하**에 따라서는, 등산은 취소될지도 모른다.
우리 회사의 발전은 자네들의 노력 **여하**에 달려 있네.

**002** 납입된 수수료는 사정 **여하에 관계없이** 반환하지 않습니다.
선거 결과 **여하에 관계없이**, 소비세는 8% 오를 것입니다.
이유 **여하를 불문하고** 무단 결석은 용납되지 않습니다.

**003** 그의 의견에는 찬성하**기 어렵습니다**.
그가 하고 있는 일은 도무지 이해할 **수 없다**.
죄송합니다만, 예약이 꽉 차서 희망에 부응할 **수 없습니다**.

**004** 그는 언제나 매사를 나쁜 쪽으로 생각하는 **경향이 있다**.
그는 실패하면 남의 탓으로 돌리는 **경향이 있다**.
이시다 사장님의 방식은 독단적인 **경향이 있다**.

**005** 술을 마시고 차를 운전하다니 위험**하기 짝이 없다**.
저 사람이 하는 말은 불쾌**하기 짝이 없다**.
전철 안에서 휴대폰을 계속 사용하다니 **너무** 폐를 끼치는 행위이다.

**006** 신용은 한번 잃었**다 하면** 되찾는 것은 상당히 어렵다.
그에게 돈을 빌려 주었**다 하면**, 절대로 갚지 않는다.
이 찬스는 한 번 놓쳐 버리면, 두 번 다시 돌아오지 않을지도 모른다.

**007** 유명한 관광지인 **만큼**, 산에서 본 경치는 훌륭했다.
그는 어릴 적에 미국에서 자랐**기 때문에(역시)** 영어 발음이 좋다.
그는 학생회장인 **만큼**, 모두에게 신뢰받고 있다.

**008** 아무리 서둘**러 보았자** 첫 전철에는 이미 늦었다.
이제와서 사과**한들** 절대로 용서할 생각은 없다.
사고를 낸 후에 후회**한들**, 이제와서 어쩔 도리가 없다.

**009** 병을 앓**고 나서**, 그는 완전히 심약해졌다.
장마에 접어든 **이래로** 비 오는 날이 이어지고 있다.
회사의 컴퓨터가 새것으로 바뀌**고 나서** 일의 능률이 올랐다.

**010** 연말 세일**이라서** 점포 안은 쇼핑객들로 붐비고 있었다.
일요일이고 날씨도 좋**아서** 유원지는 어디든 사람들로 넘쳐나고 있었다.
많은 사람들 앞에서 발표하는 것**이라서**, 그녀는 몹시 긴장하고 있었다.

**011** 모두가 있는 앞에서 실수를 지적 받아 **매우** 부끄러웠다.
자신의 기획이 받아들여졌을 때는 **매우** 기뻤다.
그의 무책임한 태도에 **너무나** 화가 난다.

**012** 교섭이 잘 되어 계약이 성사된다고 **생각했더니**, 직전에 허사가 되었다.
대학 입시는 필시 어려울 거**라고 생각했더니**, 의외로 쉬웠다.
약 덕분에 감기가 나았다**고 생각했더니**, 이번에는 배가 아파졌다.

**013** 일이 바쁘다**고는 해도**, 휴가를 낼 수 없을 정도는 아니다.
그날그날 연습하는 것이 중요하다**고는 해도**, 매일 계속하는 것은 어렵다.
단순한 감기**라고는 해도**, 무리를 하면 큰일날지도 모릅니다.

**014** 가격이 비싸다고 해서 질이 좋다**고는 단정할 수 없다**.
실력 있는 팀이 언제나 이긴다**고는 할 수 없다**.
돈이 많다고 해서 행복하다**고는 할 수 없다**.

**015** 상급반**이라도 되면**, 학습하는 한자도 상당히 어렵다고 한다.
일류 선수**라도 되면**, 과연 실력이 다른 것 같다.
큰 회사의 사장**이라도 되면**, 바빠서 여유롭게 가족여행 같은 것은 하고 있을 수 없을 것이다(할 수 없을 것이다).

**016** 그녀의 작품은 최고의 작품이라고**까지는 할 수 없어도** 상당한 실력이다.
크게 성공**까지는 하지 않더라도**, 자신이 좋아하는 일을 하며 살아가고 싶다.
오늘 시합은 완벽이라고**까지는** 말**할 수 없어도**, 실수가 적은 시합이었다.

**017** 작**아도** 단독주택을 살 수 있어서 기쁘다.
이 여행에서는 단기간**이지만** 알찬 현지 생활을 체험할 수 있습니다.
그녀는 돈이 없다고는 말하**면서도**, 명품만 사고 있다.

**018** 나카야마 선수의 활약 **없이** 팀의 우승은 있을 수 없다.
다나카 선생님의 지도 **없이**, 이 논문은 완성할 수 없었을 것이다.
노력 **없이는** 성공은 어렵다.

**019** 아이는 부모의 애정 **없이는** 성장하지 않는다.
이 방에는 이용카드 **없이는** 들어갈 수 없다.
일 년 내내 휴일 **없이** 일하면 병이 날 거야.

**020** 그는 오랜 세월 노력을 거듭하여, 마침내 오늘의 수상**에 이르렀다**.
경영자 측은 공장폐쇄**에 이른** 책임을 인정하고 사죄해야 한다.
자동차 회사는 매스컴에서 화제가 되기**에 이르러서** 겨우 차의 결함을 인정했다.

**021** 절약가인 형**과는 달리** 동생은 정말로 낭비가 심하다.
비가 적었던 작년**과는 대조적으로** 올해는 비가 많이 내린다.
야마다 씨의 집은 어머니가 아이 교육에 열심인 것**과는 대조적으로**, 아버지는 전혀 관심이 없다고 한다.

**022** 이번 대회에서는 우승**은커녕** 입상도 달성하지 못했다.
이번 지진 때문에 가재도구**는 물론** 집까지 잃고 말았다.
더 이상 환경파괴가 진행되면, 동물**은 물론** 사람도 살아갈 수 없게 될 우려가 있다.

**023** 따뜻한 가정이 있**기에** 힘든 일도 견딜 수 있는 것이다.
바쁘**기에** 시간을 소중히 사용할 수 있었던 것 같다.
건강하**기에** 하루하루가 즐거운 것이다.

**024** 담배의 건강에 대한 악영향은 말할 **필요도 없다**.
모임장소까지 그다지 멀지 않기 때문에 택시를 탈 **필요도 없다**.
대단한 상처가 아니기 때문에, 병원에 갈 **필요도 없다**.

**025** 1. 조금이라도 실수를 **했다가는**, 상사에게 호되게 꾸중을 듣게 될 것이다.
그에게 사실을 이야기 **했다가는**, 큰일이 날 것이다.
조금이라도 지각하**게 되면**, 선생님에게 혼난다.

2. 어린 시절로 돌아갈 **수만 있다면** 돌아가고 싶다.
이번 연휴에 여행을 갈 **수만 있다면** 가고 싶지만, 일이 들어와 버렸다.
고국의 부모님을 만나고 싶어서, 할 **수만 있다면**, 지금 당장에라도 날아가고 싶다.

**026** 교토는 분지이기 **때문에**, 여름은 덥고,겨울은 춥다.
이 마을은 인구밀도가 높기 **때문에**, 화재에 대한 우려가 강하다.
실패를 두려워**해서** 행동하지 않거나 바로 단념해서는 안 된다.
다카하시 군은 착실하**기에** 융통성이 없는 데가 있다.
그 위대한 작곡가는 천재이기 **때문에 겪는** 고뇌도 있었다고 한다.

**027** 피곤해서 일어나**려고 해도** 일어날 수 **없었다**.
연락을 하**려고 해도** 상대방의 전화번호를 알 수 **없었다**.
이렇게 일이 바빠서는, 휴가를 내**려고 해도** 낼 수 **없다**.

**028** 다음 사장으로 적합한 인물은 그**를 제외하고** 달리 없다.
**그를 제외하고** 이 문제를 해결할 수 있는 사람은 없다.
이 마을의 벚꽃 명소라고 하면, 이곳 **외에** 달리 없을 것이다.

**029** 그는 의사의 충고**에도 아랑곳하지 않고**, 불균형한 식생활을 계속하고 있다.
주민의 반대**를 개의치 않고**, 맨션 건설이 진행되고 있다.
부모의 기대**에도 아랑곳하지 않고**, 아이들은 매일 놀고만 있다.

**030** 아들은 대학의 합격 통지를 받고 울음을 터트릴 **듯이** 기뻐했다.
그는 자신에게는 책임이 없다고 말하는 **듯한** 태도였다.
그는 나를 마치 도둑이라고 말하는 **듯이** 비난했다.

## 031~060

**031** 그녀는 지나친 다이어트로 병이 나서 입원하는 **지경이다**.
잔업으로 연일 막차로 돌아왔더니, 과로로 쓰러질 **지경이다**.
실컷 고생한 끝이 이 **모양이다**.

**032** 검정**일색**인 복장으로 길을 걷고 있는 사람이 있다.
행복**으로 가득한** 듯이 보였던 그녀에게도 고민이 있었군요.
희망하는 회사에 취직도 됐고, 결혼도 했고, 올해는 좋은 일 **뿐**이었다.

**033** 1. 이번에야말로, 그에게 사과하게 하**고야 말겠다**.
산지 얼마 안 된 차가 흠집이 났으니, 변상시키**고야 말겠다**.
2. 그의 부주의한 한마디는 그녀의 마음에 상처를 주**게 되었다**.
그 연설에는, 상대를 설득**시키는** 기백이 있었다.

**034** 공부해도 외우**는 족족** 잊어 버린다.
아이는 용돈을 받**은 족족** 써 버린다.
일을 처리하**기가 무섭게** 새로운 일이 들어온다.

**035** 입사 면접은 끝났다. 앞으로는 **단지** 결과를 기다릴 **뿐이다**.
이것으로 계획은 완벽하다. 앞으로는 **그저** 실행하기**만 하면 된다**.
이번 대참사의 생존자는 **고작** 어린이 한 명**뿐이었다**고 한다.

**036** 아무리 유감스러울**지라도** 끝난 일이니 잊는 수밖에 없다.
시합의 결과는 어떻**든** 후회하지 않도록 노력하고 싶다.
거짓말을 하는 것은 어떤 이유**든** 용서할 수 없다.

**037** 영화**도 아닐 테고**, 언제까지나 꿈만 쫓고 있을 수는 없다.
깨지는 물건**도 아니니까**, 그렇게 소중히 다루지 않아도 괜찮아.
아이**도 아닐 테고**, 좀 더 냉정하게 대화를 해야 한다.

**038** 비싼 차를 빚을 내**서까지** 사는 것은 그만두는 편이 좋을 것이다.
그 가게는 예약해**서까지** 갈 정도는 아니라고 생각한다.
그런 일을 해**서까지** 이기고 싶다고는 생각하지 않는다.

**039** 결혼하는 두 사람의 앞으로의 행복을 **간절히** 바란**다**.
재해지역의 하루라도 빠른 복구를 **간절히** 빈**다**.
신인 선수의 성장을 **매우** 기대한**다**.

**040** 그의 성적은 의욕**과 맞물려** 쑥쑥 늘었다.
장기 불황**과** 만혼 경향**이 맞물려** 저출산 현상이 진행되고 있다.
만개한 벚꽃은 주위의 경관**과 어울려** 아름다웠다.

**041** 그 레스토랑의 요리는 양**도** 맛**도** 나무랄 데가 없다.
색**도** 디자인**도**, 그 옷, 잘 어울려요.
그는 표정**도** 말투**도** 죽은 부친을 꼭 닮았다.

**042** 아동용 그림책**이라 할지라도** 훌륭한 교과서이다.
이 불경기는 식품산업**이라고 해도** 영향이 없을 리가 없습니다
요즘 젊은이들은 독서를 기피한다**고는 해도**, 휴대폰을 통해서라면 독서를 한다.

**043** 휴대폰 요금은 한 달에 **대략** 5000엔 **정도이다**.
내일 강연회에 모이는 것은 **대략** 200명 **정도일 것이다**.
직접 음식을 만든다고 해도, 고작 어묵이나 계란 프라이 **정도입니다**.

**044** 중학생도 풀 수 없는 문제를 초등학생이 풀었**다니** 놀라운 일이다.
그 어려운 시험에 합격하**다니** 굉장한 일이다.
이런 늦은 시간에 전화**라니** 도대체 무슨 일일까?

**045** 너의 목적에 따라서는 돈을 **못** 빌려 줄 **것도 없다**.
부탁을 받게 된다면 맡지 **못 할 것도 없다**.
지금부터라도 서두르면 막차를 **못** 탈 **것도 없다**.

**046** 이 사진은 정말이지 프로**이기에 가능한** 작품이다.
이 요리는 본고장**만의** 맛이다.
이 기상천외한 그림은 아이**이기에 가능한** 발상이다.

**047** 요리를 한입 먹**자마자**, 그는 '맛있다!'고 외쳤다.
그녀는 사고 뉴스를 듣**자마자**, 그 자리에 쓰러져 버렸다.
소년은 의자에 앉**자마자** 꾸벅꾸벅 졸기 시작했다.

**048** 이것은 내 명예**에 관련된** 문제입니다. 제대로 사과하세요.
누가 회장이 될지는, 이 모임의 존속**에 관계된** 일이다.
응급 체제는, 사람의 목숨**에 관계된** 것이므로 일각을 다툰다.

**049** 1. 이것은 오랫동안 해당 분야를 연구해 온 무라야마 씨**이기에** 비로소 해명할 수 있는 문제이다.
이 정도의 저렴한 판매는, 현금거래**이기 때문에 비로서** 가능해지는 것이다.
2. 수학 선생님**이라 할지라도** 풀 수 없는 문제를 내가 풀 수 있을 리가 없다.
일본은 대표하는 대기업**이라 할지라도** 위기에 빠지는 그런 시대가 되었다.
3. 그는 회사의 사장**이자** 소년 야구의 지도자이기도 하다.
그는 고등학교 선생님**인 동시에** 시인이기도 하다.
4. 그 천재 피아니스트는 12세**에** 콩쿠르 (경연대회) 에서 우승했다.
그 가수는 6장**째로** 마지막이 되는 앨범을 발매했다..

**050** 현 상황**에 입각해서** 규칙을 개정해가야 한다.
국제 정세**에 적합하게** 외교 본연의 자세를 결정한다.

매스컴은 사실**에 입각해서**, 정확한 정보를 제공해 주었으면 한다.

051 1. 요즈음 TV프로그램은 **차마** 보고 있을 **수 없는** 것이 많다.
그의 상스러운 말투는 정말이지 **차마** 듣고 있을 **수 없다**.
2. 많은 분들께서 지원해 주셔서, **정말로** 감사**합니다**.
남편 분께서 돌아가셨다는 것을 듣게 되어, **너무나** 슬**픕니다**.

052 1. 그는 어떤 때라도 신뢰**할 만한** 사람입니다.
전원을 납득시키**기에 충분한** 설명을 하는 것은 어렵다.
2. 이 소설은 읽을 **만한 가치가 없는** 시시한 것이다.
보고서의 내용은 신뢰**하기에는 부족한** 점이 많았다.
방송에서 거론된 A씨의 소문은 아무런 **가치가 없는** 내용이다.

053 이 작품은 완성도가 낮아서, 평가할 **가치가 없다**.
아이는 다소 열이 있어도 활발하다면 걱정할 **필요 없다**.
그런 하찮은 일로 그를 비난할 **것까지는 없다**.

054 작년**보다 더** 물가가 올랐다
내 진학 문제**보다 더** 걱정인 것은 언니(누나)의 취직 문제입니다.
이전**보다 더** 개발에 따른 환경 파괴가 심각해졌다.

055 지금의 편리한 생활도, 전기가 끊어져버리**면 그것으로 끝이다**.
고가의 도자기라도 떨어뜨려버리**면 그걸로 끝이다**.
아무리 좋은 제품을 개발해도 소비자에게 받아들여지지 않으**면 그것으로 끝이다**.

056 이 휴대폰은 가격이나 디자인**도 그러하지만**, 사용하기 편리해서 평판이 좋다.
그 신인 가수는 노래를 잘하는 것은 **물론이고** 춤도 훌륭하다.
최근에는 정치 문제**도 그러하지만**, 환경 문제도 많은 사람들의 주목을 끌고 있다.

057 나에게 의논해 주었더라면 어떻게든 해 주었을 **텐데**.
그만두면 좋을 **것을** 무리하니까 다치는 거야.
다른 사람이 하는 말을 들으면 좋을 **텐데** 듣지 않으니까 실패하는 거야.

058 아이는 어머니의 모습을 보**자마자** 뛰기 시작했다.
그녀는 손님이 돌아가**자마자** 가게 청소를 시작했다.
집에 돌아가**자마자** 즉시 텔레비전을 켰다.

059 재해로 집도 부모도 잃은 아이들을 보고 있으면, 동정**을 금할 수가 없다**.
이번 사건에 관해서는 놀라움과 분노**를 금할 수가 없다**.
사고로 가족을 잃은 그녀의 이야기를 듣고 눈물**을 금할 수 없었다**.

060 학교는 아동의 안전을 지키**기 위해서** 세심한 주의를 기울이고 있다.
장래의 꿈을 이루**기 위해** 매일 노력을 아끼지 않는다.
진실을 밝히**기 위해** 모든 수단을 써야 한다.

## 061~090

061 어떠한 작은 성공도 노력**이 있기에 가능한** 일이다.
손님**이 있어야** 장사도 되는 것이니, 손님을 소중히 여겨야 한다.
그가 돌연 자취를 감춘 것도 사연**이 있는** 일임에 틀림없다.

062 내가 보는 **한** 그는 신뢰할 수 있는 사람이다.
설명서를 읽지 않는 **한** 사용법은 알 수 없을 것이다.
당점에서는, 가능한 **한** 신선한 재료를 사용하여 음식을 만들고 있습니다.

063 그 방송국의 경영상태가 악화되고 있다니 놀랍**기 짝이 없다**.
자신의 작품이 모두에게 평가 받다니 정말로 기쁘**기 그지없다**.
우수한 자녀가 회사를 그만두다니 **매우** 유감**이네**.

064 일전의 답례 **겸** 인사차 찾아 뵙겠습니다.
취직 보고도 드릴 **겸해서** 선물을 들고 선생님 댁을 방문했다.
병문안을 와 준 답례 **겸** 친구 집을 방문했다.

065 그녀는 육아를 하는 **한편으로**, 소설을 써서 성공했다.
그 음악가는 연주 활동을 하는 **한편으로**, 자택에서 음악 교실을 열고 있다.
아들은 고등학교에 다니는 **한편으로**, 아르바이트도 하고 있다.

066 근처 공원에 벚꽃을 구경하러 가**는 김에**, 장을 보았다.
운동 **겸해서** 강변을 느긋이 산책했다.
이번 휴일에 여행 **겸해서** 친구를 만나러 간다.

067 전화 벨이 울리**자마자** 그녀는 수화기를 들었다.
그는 차에 뛰어 올라타**자마자** 맹렬한 스피드로 달리기 시작했다.
도둑은 경찰관의 모습을 보**자마자** 도망쳤다.

068 300페이지**나 되는** 소설을 하룻밤에 읽어버렸다.
그는 빗속을, 20킬로미터**나 되는** 거리를 걸어 왔다.
그는 50킬로그램**이나 되는** 돌을 간단히 들어 올렸다.

069 익숙치 않**아서** 처음에는 상당히 긴장했다.
아직도 미숙**해서** 업무에 실수가 많다.
불경기**라서**, 이제 곧 졸업인데도 아직 취직 자리를 못 구했다.

070 사람은 타인과 관련 **없이** 살아갈 수는 없다.
노력하**지 않고** 꿈을 실현할 수는 없다.
누구에게도 알려지는 **일 없이** 계획을 추진해야 한다.

071 시합이 끝날 때까지는 한순간**도** 방심할 수 없다.
시험까지 앞으로 일주일밖에 없다. 하루**라고 할지라도** 헛되이 할 수 없다.
그녀는 고등학교 3년동안, 한 번**도** 지각하는 일이 없었다.

072 교육자 **된 자는** 어린이의 가능성을 믿어야 한다.
정치가 **된 자는** 국민의 의문에 답할 필요가 있다.
연구자 **된 자는** 논문 투고는 피해갈 수 없다.

073 가족 모두가 건강하고 사이 좋게 지낸다. 이것이 행복**이 아니고 무엇이란 말인가!**
많은 발명품을 만든 그가 천재**가 아니고 무엇이란 말인가!**
전쟁으로 많은 사람이 죽다니, 이것이 비극**이 아니고 무엇이란 말인가!**

074 모기에 물려서 **너무** 가렵**다**.
이 일은 따분**해서 견딜 수 없다**.
제대로 사과했는데도 몇 번이나 잔소리를 듣게 되어 **견딜 수 없다**.

075 쉬시**는 데** 방해해서 죄송합니다.
오늘은 바쁘**신데도** 참석해 주셔서 감사했습니다.
출장으로 피곤하실 **텐데**, 늦게까지 계시도록 해서 죄송했습니다.

076 그는 오라**는 듯이** 크게 손을 흔들었다.
요리를 한입 먹자마자, 그녀는 맛이 없다**는 듯이** 얼굴을 찡그렸다.
내가 제안을 설명하자, 사장은 안 된다**는 듯이** 고개를 저었다.

077 1. 그녀는 텔레비전을 **무심코** 보고 있었다.
전철 안에서 **무심코** 옆자리 커플의 이야기를 듣고 있었다.
2. 창 밖을 **무심코** 보고 있자니, 친구의 모습이 눈에 들어왔다.

옛날 앨범을 보고, **저절로** 어릴 적 일이 생각났다.

**078** 그 문제에 대해 제 **나름대로** 생각해 보았습니다.
사람에게는 각각 그 사람 **나름의** 삶의 방식이 있는 법이다.
부자에게는 부자 **나름의** 고민이 있다.

**079** 아버지는 책임자라는 입장**에서**, 항상 일을 생각하고 있었다.
아무리 곤란한 상황**에서**도 결코 포기해서는 안 된다.
구직 활동**에서**는 하고 싶은 일을 찾는 것도 중요하다고 생각한다.

**080** 그녀는 영어는 **말할 것도 없고**, 프랑스어도 할 수 있다.
야마다 군은, 학력은 **말할 것도 없고**, 운동 능력도 뛰어나다.
그는 국내는 **말할 것도 없고**, 해외에까지 알려진 작곡가이다.

**081** 그가 취한 행동은 용서해**서는 안 될** 행위다.
이것만은 누가 봐도 의심해**서는 안 될** 사실이다.
일본 요리에 된장과 간장은 빠뜨려**서는 안 될** 재료이다.

**082** 강에는 들어가**지 말 것**.
음주운전을 하**지 마시오**.
다른 사람의 욕은 하**지 말 것**.

**083** 약한 사람을 괴롭히다니 용서해**서는 안 될** 일입니다.
그가 한 일은 사람으로서 있어**서는 안 될** 잔혹한 행위다.
그의 발언은 국회의원으로서 있어**서는 안 될** 일이다.

**084** 1. 호텔 예약이 안 되면 당일치기 여행으로 하**면 된다**.
금년 시험에 실패하면 내년에 또 치르**면 된다**.
2. 우리는 인간으로서 당연한 일을 했을 **뿐입니다**.
회식에 초대되어 참석했을 **뿐입니다**.

**085** 1. 공부하**든 말든**, 그 결과에 대한 책임은 자신에게 있다.
모두가 반대하**든 말든**, 나는 신경 쓰지 않는다.
2. 당신이 채소를 먹**든 말든** 나와는 상관없는 일이다.
가**든지 말든지** 당신 마음대로 하세요.

**086** 1. 누가 뭐라고 하**든지**, 그는 절대 듣지 않는다.
아무리 괴롭**더라도** 스스로 선택한 길을 가겠다.
2. 당신이 무엇을 하**든** 자유입니다.
몇 년이 걸릴**지라도** 포기할 생각은 없다.

**087** 시민 회관에서는 웅변대회**를 시작으로** 각종 이벤트가 실시된다.
지난번 회의에서는 그의 발언**을 시작으로** 많은 반대 의견이 나왔다.
그 사건**을 시작으로** 전국에서 폭동이 일어났다.

**088** 1. 문제는 당사자 사이의 대화로 해결을 꾀하는 것을 원칙**으로** 한다.
당첨자 발표는 선물 발송**으로** 대체하겠습니다.
2. 당사는 3월 9일**자로** 나카가와전기와 합병합니다.
이것**으로써** 오늘 파티는 폐회하겠습니다.

**089** 아이들은 추위**에도 아랑곳하지 않고**, 운동장으로 나가 뛰어다니고 있다.
그는 수많은 실패**에도 아랑곳하지 않고** 연구를 계속하고 있다.
형은 부모님의 반대**에도 아랑곳하지 않고**, 미국 유학을 결정했다.

**090** 비 때문에 체육대회는 **어쩔 수 없이** 취소**하게 되었다**.
경영위기로 인하여, 급여를 **어쩔 수 없이** 삭감**하게 되었다**.
개발 프로젝트는 예산 부족으로 인하여, **어쩔 수 없이** 변경**하게 되었다**.

## 091~120

**091** 미국은 다민족**으로 구성되어** 있는 나라이다.
물은 산소와 수소**로 구성되어** 있다.
일본국 헌법은 103개 조항**으로 구성되어** 있다.
일본의 국회는 중의원과 참의원**으로 구성되는** 양원제를 채택하고 있다.

**092** 이번과 **같은** 사태는 또 발생할 가능성이 있다.
눈앞의 경치를 보고, 일순간 별천지에 있는 것 **같은** 생각이 들었다.
그 사람은 얼음**같이** 차가운 사람이다.
4월도 중순에 가까운데 다시 겨울로 돌아간 것**처럼** 춥다.

**093** 비도 그쳤**으니** 나갈까?
이제 젊지도 않**으니**, 그다지 무리를 하고 싶지 않습니다.
내일은 시험이 있**으니**, 오늘은 TV를 보지 말고 공부해야지.

**094** 승부는 그 날의 컨디션**에 달려 있다**.
시험에 합격할 수 있을지 어떨지는 본인의 노력**에 달려 있다**.
생각하기**에 따라서는** 괴로운 경험도 귀중한 추억이 된다.

**095** 여러 가지로 조사했지만, 결국 답은 알**지 못하고 말았다**.
오늘은 바빠서 결국 점심식사도 하**지 못하고 말았다**.
서로 의식하면서도 이름조차 묻**지 못하고 말았다**.

**096** 1. 상사가 병으로 입원했다. 그래서 병문안 가**야만 한다**.
다른 사람에게 폐를 끼쳤으니 사죄하**지 않으면 안 될** 것이다.
2. 교통위반을 했으니, 벌금을 내**야만 한다**.
검사 결과에 따라서는 수술하**지 않으면 안 될** 것이다.

**097** 너무 지쳐서 서 있는 것**조차** 불가능하다.
그는 식사를 하는 시간**조차** 아끼며 연구하고 있다.
초등학생**도** 휴대폰을 가지는 시대가 되었다.

**098** 올해는 보너스가 나오지 않았지만, 급료를 받을 수 있는 것**만으로도 다행이다**.
겨울에 산길을 걷는 것은 힘들지만, 오늘은 바람이 없는 것**만으로도 다행이다**.
신입사원인 데라우치 씨는 일은 늦지만, 꼼꼼해서 **그나마 다행이다**.

**099** 1. 지진 같은 것은 상상하**는 것만으로도** 두려운 일이다.
전염병이 크게 유행하면 많은 사람들이 죽는다고 하니 생각하**는 것만으로도** 무섭다.
2. 이렇게 주식이 오르리라고는 예상**조차** 하지 못했다.
이 나라의 오늘날과 같은 번영은 반세기 전에는 상상**조차** 하지 못했을 것이다.

**100** 좀 더 노력하면 합격일**텐데**.
아버지가 살아 있었다면 나의 신부 모습을 보고 기뻐했을 **텐데**.
5분만 더 일찍 일어났더라면, 지각은 하지 않았을 **텐데**.

**101** 부모 슬하를 떠나 혼자서 생활해서**야 비로소** 부모의 고마움을 알 수 있다.
정보는 알아야만 할 사람이 알아**야 비로소** 쓸모가 있다.
스스로 경험해 **보아야 비로소** 다른 사람의 아픔도 이해할 수 있게 되는 법이다.

**102** 책임자가 제대로 사죄해**야 마땅하다**.
손윗사람에게는 경의를 표해**야 마땅하다**.
본래 여름은 더워**야 마땅하다**.

103 급한 일은 끝났으니 일찍 돌아가**도 좋아요.**
농장체험에는 더러워져**도 상관없는** 옷을 지참해 주세요
이력서는 복사본**이라도 괜찮을까요?**

104 당신이 간다**면** 나도 가겠습니다.
도움이 필요**하다면** 바로 가겠습니다.
신세를 진 가와타 선생님의 소개**라면** 거절할 수 없다.

105 이 산의 경치는 일본 제일**이라고 해도 과언이 아니다.**
봄의 꽃놀이는 이제는 일본인의 연중행사**라고 해도 과언이 아니다.**
라면이라고 하면 일본인의 국민식**이라고 해도 과언이 아니다.**

106 그의 답안은 글씨가 깨끗하지 않아서 읽기 힘들다.
우리 어머니는 언제나 나를 아이 취급한다.
일본생활**로 말할 것 같으면**, 집은 좁지 물가는 비싸지 정말로 살기 힘들다.

107 이재민들은 당시의 상황을 눈물을 **흘리며** 말했다.
이 마을에서는 옛날 **그대로의** 제조법으로 간장을 만들고 있다.
인권이란 사람이 **천부적으로** 누구나 지니고 있는 권리이다.

108 파티에 간다**면 몰라도** 회의에 그런 화려한 복장으로 갑니까?
아이**라면 몰라도** 어엿한 어른이 천둥이 무섭다니.
한여름**이라면 몰라도** 한겨울에 사방을 열어 놓고 있다니 춥지 않아요?

109 청주**든지** 와인**이든지** 좋아하는 것을 마시세요.
반대하**든** 찬성하**든** 자신의 의견을 말해 주세요.
한가하면, 책을 읽**든지** 텔레비전을 보**든지** 하는 게 어때?

110 오늘**에 국한된 것은 아니**지만, 아침에 일어나는 것이 힘들다.
경기가 나쁜 것은 일본**에 국한된 것은 아니다.**
스트레스는 어른**에게**만 **국한된 것은 아니다.**

111 시험 전날은 일찍 자는 **편이 좋다.**
자신의 고민은 스스로 해결하는 **것이 제일이다.**
수상의 외교 발언은 신중한 **것이 제일이다.**

112 유원지를 이용하는 사람은 관리자의 지시에 따라**야 한다.**
이 병은 일각을 다투어 치료를 시작해**야 한다.**
그 상사는 뭐든지 스스로 결정하**지 않으면** 성에 차지 않는 것 같다.

113 이러한 훌륭한 상을 받아서 영광스럽**기 그지없습니다.**
이런 초보적인 실수를 하다니, 정말이지 창피하기 **그지없다.**
많은 사람이 결혼을 축복해 주셔서 감격**의 극치이다.**

114 이번 화재로 사망자가 발생한 것은 통탄스럽**기 그지없습니다.**
동경하던 배우와 악수할 수 있어서 감격스럽**기 그지없다.**
**최고의** 축제로 말하자면 역시 올림픽이지요.

115 사장은 책임을 지기 **위해서** 사임했다.
지망하는 학교에 합격하기 **위해서** 노력하고 있다.
문제점을 개선하기 **위하여** 노력하고 있습니다.

116 1. 무슨 일이 있어도 포기하**지 않겠다.**
저 가게는 서비스가 나빠서 두 번 다시 가**지 않겠다.**
2. 저녁노을이 아름다워서, 내일은 비는 **오지 않을것이다.**
이런 어려운 문제, 아이들은 풀 수 없을 **것이다.**

117 아이들이 **흙투성이**가 되어 놀고 있다.
테이블 위는 먼지**투성이**였다.
시합이 끝나 선수들의 옷은 그야말로 땀범벅이다.

118 하루라도 빨리 건강해지시**기를.**
앞으로도 잘 지도해 주시**길.**
더 큰소리로 대답을 하**기를.**

119 오늘을 **끝으로** 담배를 끊기로 했다.
노다선수는 오늘 시합을 **끝으로** 은퇴한다.
이 세일을 **끝으로** 당점은 폐점하게 되었습니다.

120 현재의 경제 상황을 **토대로** 경기대책을 검토한다.
현 상황**에 입각하여** 앞으로의 계획을 재검토해야 한다.
지금까지의 반성을 **토대로**, 다음 분기의 방침을 정하고 싶다.

## 121~150

121 할 수 있는**지 아닌지** 해 보지 않으면 모른다.
결혼해야 **할지 말아야 할지** 망설이고 있다.
상대의 말이 사실**인지 아닌지는** 확인할 수 없다.

122 갖고 있는 돈은 전부 **다** 써버렸**다.**
여행지에서 지갑을 소매치기 당해서 **너무나** 곤란해 버렸**다.**
(의역: 너무 ~하다)
그 책, 오늘 중으로 **다** 읽을 **수 있어?**
이렇게나 많은 요리, 도저히 **다** 먹을 **수 없네요.**

123 늦잠을 자서 아침 식사를 하**지 못**했다.
주위가 시끄러워서 잠을 **설쳐** 버렸다.
전부터 갖고 싶었던 가방을 **못** 사고 **말았다.**

124 짙은 안개 너머로 산이 보**였다** 안 보**였다** 했다.
세상은 **상부상조**이니, 서로 도와갑시다.
그녀는 완성된 작품을 **요모조모** 살펴보고 있었다.

125 새로운 빌딩이 완성되**고 있다.**
창에서 산 너머로 지**고 있는** 석양을 바라본다.
인구 증가와 더불어, 이 마을의 주택 사정은 나빠지**고 있다.**

126 그는 자신의 작품을 걸작이라고 말하**기를 주저하지 않는다.**
(그는 자신의 작품을 주저 없이 걸작이라고 말한다)
그는 다음 선거에서는 반드시 당선된다고 공언하**기를 주저하지 않는다.**
그 화가는 스스로를 천재라고 칭하**기를 주저하지 않았다.**
(그 화가는 주저 없이 자신을 천재라고 칭했다)

127 꼭 성공해서 모두를 깜짝 놀라게 하**고야 말겠다.**
모두 있는 앞에서 약속한 이상, 절대로 지키**겠다.**
'나는 반드시 성공하**고야 말겠어**'라고 그는 친구에게 말했다.

128 1. 어렵기에 보람이 있는 **것이다.**
새벽 2시에 전화를 거는 것은 몰상식한 **일이다.**
2. 상품은 단순히 가격이 싸면 팔리는 **것은 아니다.**
공부하는 시간이 길면 길수록 성적이 오르는 **것은 아니다.**

129 남동생의 방은 책상 위**며** 아래**며 할 것 없이** 휴지 투성이다.
아버지는, 청주**며** 맥주**며 할 것 없이** 술이라면 사족을 못쓴다.
이 영화는 아이**며** 어른**이며 할 것 없이** 모두가 즐길 수 있다.

130 비싸다**고 해야** 고작 만 엔일 것이다.
발표 준비는 모두 끝났다**고 해도** 불안은 남는다.
당신**이라 할지라도** 책임이 없는 것은 아니다.
노래를 잘 한다**고는 해도**, 가수가 될 수 있는 수준은 아니다.

131 그녀는 아무래도 야마다 군과 사귈 맘은 없는 **것 같다.**
실패한 **것인지** 침울한 표정을 짓고 있다.
옆집 사람은 음악을 좋아하는 **것인지** 매일 듣고 있다.

132 10,000엔이라는 가격은 아버지**의 의견으로는** 저렴한 편이라는 것 같다.
내 **의견으로는** 그는 천재라기보다 노력가다.
어른들**의 의견으로는,** 내 고민 같은 것은 하찮은 것이겠지.

133 그를 설득할 수 있을지 어떨지는 당신의 열의**에 달려 있다.**
회사의 발전은 사원의 실적 여하**에 달려 있다.**
이번 계획에는 회사의 장래**가 달려 있다.**

134 연수**를 구실로** 해외 여행을 간다.
폭설**을 구실 삼아** 회사를 쉬었다.
늦게 잠들었다는 것**을 구실로** 늦잠을 잤다.

135 그가 회사 비밀을 외부에 누설한 것은 상상**이 되고도 남는다.**
외국에 자식을 유학시키고 있는 부모의 걱정은 헤아리**고도 남는다.**
그녀가 얼마나 자존심을 상처입었는지는 상상**이 되고도 남는다.**

136 그 사건은 내 **입장에서는** 놀라운 것이었다.
자녀가 몇 살이 되어도 부모 **입장에서는** 아직 어린아이다.
밤 10시는 일찍 자고 일찍 일어나는 그녀**라면** 이미 잠들어 있을 시간이다.

137 그녀는, 일본 국내**에 그치지 않고,** 해외에서도 활약하고 있다.
축제의 참가자는, 가까운 현**에 그치지 않고,** 전국에 이르렀다.
그 레스토랑의 메뉴는 일식**에 그치지 않고,** 양식이나 중화요리로 폭이 넓다.

138 1. 이번 지진에 의한 사망자수는 수 천명**에 달한다.**
정부의 발표에 의하면, 대기업 대상의 세금감면액수가 5조 엔**에 이른다**고 한다.
2. 지진이 화제**에 오르다.**
국가재정의 건전화가 의제**로 올라와** 있다.

139 1. 수술이라고 해도 당일 퇴원이기 때문에 걱정**할 필요도 없습니다.**
평일 낮이고 가게도 크니까, 일부러 예약할 **필요도 없**을 것입니다.
2. 결혼해서 요리가 능숙해졌지만, 아직 어머니**에게는** 훨씬 **못 미친다(어림도 없다).**
실력으로는 형의 발치**에도 못 미친다.**

140 그의 성공은 주변 사람들의 협력**에 힘입은 바가 크다.**
이 연구의 성과는 야마다 교수의 협력**에 의한 바가 크다.**
현대사회의 풍요로운 생활은, 정보통신기술의 진보**에 의한 바가 크다.**

141 보리는 수확을 기다리**기만 하면 된다.**
파티 준비는 끝나서, 손님을 맞이하**기만 하면 된다.**
언제 돌아오든 바로 식사할 수 있**게 되어 있다.**

142 이 제품은 외관**은 제쳐두고** 성능이 대단한 것 같다.
집안일**은 제쳐두고** 육아는 정말로 에너지를 많이 사용한다.
무엇**보다도** 우선은 식사 하자.

143 어떤 고난을 겪더라도 결코 좌절하**지는 않겠다.**
신세를 진 일은 절대 잊**지는 않겠습니다.**
지나간 날은 되돌아오**지는 않아.**

144 완전한 연습 부족이라, 오늘 시합은 질 **만해서** 졌다.
공부하지 않았으니 떨어질 **만해서** 떨어진 것이다.
제한 시속을 초과해서 차를 몰다니, 그 사고는 일어날 **만해서** 일어났다고 할 수 있을 것이다.

145 지금의 실력으로는 대학 합격 같은 것은 바랄 **수 없다.**
일본의 치안이 좋다는 것은 다른 나라들과 비교할 **수가 없다.**
그 투수의 볼 속도는 달리 견줄 **수가 없다.**

146 들판의 꽃도 피기 시작해서 봄**다워지기** 시작했다.
그의 비꼬는 **듯한** 말투가 비위에 거슬렸다.
어떤 남자가 농담**인 듯한** 어투로 '공중납치 당했다'고 연락해 왔다고 한다.

147 시민의 협력**을 받아,** 자원봉사 단체를 설립했다.
반대 의견**을 받아들여,** 수정안을 작성하다.
오랫동안 지속된 저출산**의 영향을 받아,** 젊은이들을 대상으로 하는 시장이 축소 경향에 있다고 한다.

148 그는 부모와 주위의 반대**를 무릅쓰고** 그녀와 결혼했다.
그는 팀을 위해서 부상**을 무릅쓰고** 시합에 출전했다.
그는 병**을 무릅쓰고** 일을 계속하고 있다.

149 입원한 것**을 계기로** 술을 끊었다.
창립 20주년**을 계기로** 신상품을 발표했다.
이직**을 계기로** 넓은 방으로 이사하려고 생각한다.

150 내년의 예산은 의회의 승인**을 거쳐** 성립되었다.
두 번의 면접**을 거쳐** 채용이 결정되었다.
지구 예선**을 거쳐** 전국 대회에 출전하게 된다.

# 해답

# PART 1

## ● 연습문제 001~030

| | | | | | | | | | | | |
|---|---|---|---|---|---|---|---|---|---|---|---|
| 01 | 01.② | 02.① | 03.③ | 04.④ | 05.① | 06.② | 07.④ | 08.① | 09.② | 10.② | p.17 |
| 02 | 01.② | 02.② | 03.① | 04.④ | 05.③ | 06.③ | 07.③ | 08.② | 09.③ | 10.④ | p.18 |
| 03 | 01.② | 02.① | 03.④ | 04.③ | 05.① | 06.① | 07.③ | 08.④ | 09.④ | 10.③ | p.19 |
| 04 | 01.③ | 02.② | 03.① | 04.③ | 05.③ | 06.④ | 07.④ | 08.② | 09.② | 10.④ | p.25 |
| 05 | 01.③ | 02.② | 03.④ | 04.② | 05.① | 06.② | 07.② | 08.④ | 09.③ | 10.② | p.26 |
| 06 | 01.② | 02.① | 03.③ | 04.③ | 05.② | 06.① | 07.① | 08.③ | 09.② | 10.④ | p.27 |
| 07 | 01.③ | 02.② | 03.① | 04.③ | 05.③ | 06.② | 07.③ | 08.① | 09.① | 10.② | p.34 |
| 08 | 01.③ | 02.③ | 03.① | 04.② | 05.① | 06.④ | 07.③ | 08.② | 09.② | 10.① | p.35 |
| 09 | 01.④ | 02.④ | 03.③ | 04.③ | 05.② | 06.③ | 07.① | 08.② | 09.① | 10.② | p.36 |

## ● 총정리문제 ①

| | | | | | | | | | | |
|---|---|---|---|---|---|---|---|---|---|---|
| 01.④ | 02.② | 03.③ | 04.② | 05.① | 06.③ | 07.④ | 08.② | 09.③ | 10.① | p.37 |
| 11.① | 12.② | 13.② | 14.③ | 15.③ | 16.② | 17.① | 18.④ | 19.② | 20.③ | |

| | | | | | |
|---|---|---|---|---|---|
| 21.④ (2143) | 22.③ (2341) | 23.② (3421) | 24.① (4132) | 25.② (4213) | p.39 |
| 26.① (3142) | 27.① (4132) | 28.④ (2143) | 29.② (4231) | 30.② (4321) | |
| 31.③ (2431) | 32.① (4213) | 33.③ (2314) | 34.① (3214) | 35.② (1324) | |
| 36.② (3214) | 37.④ (2143) | 38.④ (2431) | 39.② (1423) | 40.③ (4321) | |

| | | | | | | | | | | |
|---|---|---|---|---|---|---|---|---|---|---|
| 41.② | 42.③ | 43.④ | 44.② | 45.① | 46.④ | 47.② | 48.② | 49.① | 50.③ | p.42 |

# PART 2

## ● 연습문제 031~060

| | | | | | | | | | | | |
|---|---|---|---|---|---|---|---|---|---|---|---|
| 10 | 01.① | 02.② | 03.④ | 04.② | 05.① | 06.① | 07.④ | 08.② | 09.① | 10.② | p.53 |
| 11 | 01.② | 02.② | 03.② | 04.③ | 05.④ | 06.③ | 07.② | 08.② | 09.① | 10.④ | p.54 |
| 12 | 01.④ | 02.① | 03.② | 04.④ | 05.③ | 06.① | 07.③ | 08.③ | 09.④ | 10.② | p.55 |
| 13 | 01.① | 02.④ | 03.③ | 04.① | 05.④ | 06.② | 07.① | 08.② | 09.③ | 10.③ | p.62 |
| 14 | 01.① | 02.② | 03.① | 04.③ | 05.④ | 06.④ | 07.② | 08.② | 09.③ | 10.③ | p.63 |
| 15 | 01.③ | 02.② | 03.① | 04.③ | 05.④ | 06.③ | 07.④ | 08.① | 09.② | 10.③ | p.64 |
| 16 | 01.④ | 02.① | 03.① | 04.③ | 05.③ | 06.④ | 07.③ | 08.② | 09.② | 10.④ | p.71 |
| 17 | 01.③ | 02.③ | 03.④ | 04.① | 05.③ | 06.② | 07.② | 08.③ | 09.② | 10.① | p.72 |
| 18 | 01.③ | 02.③ | 03.② | 04.② | 05.① | 06.④ | 07.④ | 08.③ | 09.③ | 10.② | p.73 |

## ● 총정리문제 ②

| | | | | | | | | | | |
|---|---|---|---|---|---|---|---|---|---|---|
| 01.② | 02.② | 03.③ | 04.④ | 05.① | 06.② | 07.① | 08.③ | 09.② | 10.① | p.74 |
| 11.④ | 12.② | 13.③ | 14.④ | 15.② | 16.① | 17.③ | 18.④ | 19.② | 20.③ | |

| | | | | | |
|---|---|---|---|---|---|
| 21.④ (2413) | 22.③ (4132) | 23.② (3421) | 24.② (3124) | 25.② (3241) | p.76 |
| 26.① (3214) | 27.④ (1432) | 28.① (2143) | 29.② (3124) | 30.③ (4321) | |
| 31.② (4123) | 32.③ (2134) | 33.③ (4312) | 34.④ (3241) | 35.③ (4132) | |
| 36.③ (2314) | 37.① (2314) | 38.① (4123) | 39.② (3241) | 40.① (3412) | |

| | | | | | | | | | | |
|---|---|---|---|---|---|---|---|---|---|---|
| 41.① | 42.④ | 43.③ | 44.② | 45.④ | 46.③ | 47.④ | 48.① | 49.③ | 50.② | p.79 |

# PART 3

061~090

● 연습문제

| | | | | | | | | | | | |
|---|---|---|---|---|---|---|---|---|---|---|---|
| 19 | 01.④ | 02.① | 03.① | 04.④ | 05.① | 06.② | 07.② | 08.② | 09.① | 10.③ | p.89 |
| 20 | 01.③ | 02.③ | 03.② | 04.① | 05.④ | 06.④ | 07.② | 08.③ | 09.③ | 10.① | p.90 |
| 21 | 01.③ | 02.③ | 03.④ | 04.② | 05.① | 06.③ | 07.① | 08.④ | 09.③ | 10.② | p.91 |
| 22 | 01.② | 02.② | 03.① | 04.④ | 05.② | 06.① | 07.③ | 08.③ | 09.③ | 10.④ | p.98 |
| 23 | 01.③ | 02.① | 03.③ | 04.② | 05.② | 06.② | 07.③ | 08.④ | 09.② | 10.② | p.99 |
| 24 | 01.① | 02.① | 03.① | 04.④ | 05.③ | 06.② | 07.③ | 08.② | 09.④ | 10.① | p.100 |
| 25 | 01.④ | 02.④ | 03.② | 04.① | 05.④ | 06.③ | 07.② | 08.② | 09.① | 10.② | p.107 |
| 26 | 01.① | 02.① | 03.④ | 04.② | 05.② | 06.③ | 07.③ | 08.② | 09.④ | 10.③ | p.108 |
| 27 | 01.④ | 02.② | 03.① | 04.③ | 05.③ | 06.① | 07.① | 08.④ | 09.② | 10.① | p.109 |

● 총정리문제 ③

| | | | | | | | | | | |
|---|---|---|---|---|---|---|---|---|---|---|
| 01.③ | 02.② | 03.② | 04.④ | 05.④ | 06.③ | 07.② | 08.② | 09.② | 10.③ | p.110 |
| 11.③ | 12.① | 13.① | 14.④ | 15.② | 16.③ | 17.② | 18.③ | 19.④ | 20.③ | |

| | | | | | |
|---|---|---|---|---|---|
| 21.③ (4321) | 22.③ (4312) | 23.① (4213) | 24.① (2413) | 25.④ (3421) | p.112 |
| 26.① (3412) | 27.③ (2431) | 28.① (3142) | 29.② (3421) | 30.④ (2413) | |
| 31.④ (3412) | 32.④ (1432) | 33.④ (1243) | 34.① (2314) | 35.② (1324) | |
| 36.③ (2134) | 37.② (3214) | 38.② (1324) | 39.③ (1432) | 40.④ (3241) | |

| | | | | | | | | | | |
|---|---|---|---|---|---|---|---|---|---|---|
| 41.④ | 42.② | 43.③ | 44.① | 45.② | 46.① | 47.② | 48.③ | 49.② | 50.④ | p.115 |

# PART 4

091~120

● 연습문제

| | | | | | | | | | | | |
|---|---|---|---|---|---|---|---|---|---|---|---|
| 28 | 01.① | 02.② | 03.② | 04.③ | 05.② | 06.④ | 07.① | 08.③ | 09.① | 10.① | p.126 |
| 29 | 01.③ | 02.① | 03.② | 04.② | 05.④ | 06.② | 07.① | 08.② | 09.③ | 10.③ | p.127 |
| 30 | 01.① | 02.② | 03.③ | 04.① | 05.③ | 06.① | 07.② | 08.② | 09.③ | 10.④ | p.128 |
| 31 | 01.② | 02.② | 03.③ | 04.① | 05.③ | 06.② | 07.② | 08.② | 09.① | 10.④ | p.134 |
| 32 | 01.④ | 02.④ | 03.③ | 04.② | 05.④ | 06.③ | 07.① | 08.③ | 09.④ | 10.② | p.135 |
| 33 | 01.② | 02.④ | 03.② | 04.③ | 05.① | 06.④ | 07.① | 08.③ | 09.① | 10.④ | p.136 |
| 34 | 01.④ | 02.② | 03.③ | 04.③ | 05.② | 06.① | 07.④ | 08.③ | 09.③ | 10.③ | p.142 |
| 35 | 01.② | 02.③ | 03.③ | 04.② | 05.① | 06.② | 07.③ | 08.④ | 09.② | 10.① | p.143 |
| 36 | 01.③ | 02.① | 03.④ | 04.① | 05.② | 06.④ | 07.② | 08.② | 09.④ | 10.④ | p.144 |

● 총정리문제 ④

| | | | | | | | | | | |
|---|---|---|---|---|---|---|---|---|---|---|
| 01.③ | 02.④ | 03.① | 04.② | 05.① | 06.③ | 07.① | 08.③ | 09.② | 10.④ | p.145 |
| 11.④ | 12.① | 13.② | 14.① | 15.③ | 16.③ | 17.② | 18.④ | 19.② | 20.② | |

| | | | | | |
|---|---|---|---|---|---|
| 21.④ (3241) | 22.② (1423) | 23.④ (1342) | 24.③ (1324) | 25.④ (1243) | p.147 |
| 26.① (3124) | 27.① (3124) | 28.③ (2431) | 29.④ (2143) | 30.① (3142) | |
| 31.② (3241) | 32.④ (3241) | 33.① (2413) | 34.③ (4312) | 35.① (4213) | |
| 36.① (3412) | 37.② (3124) | 38.② (4123) | 39.③ (4312) | 40.② (4231) | |

| | | | | | | | | | | |
|---|---|---|---|---|---|---|---|---|---|---|
| 41.② | 42.④ | 43.① | 44.③ | 45.② | 46.② | 47.③ | 48.④ | 49.② | 50.① | p.150 |

# PART 5

121~150

## ● 연습문제

| | | | | | | | | | | | |
|---|---|---|---|---|---|---|---|---|---|---|---|
| 37 | 01.① | 02.④ | 03.② | 04.③ | 05.① | 06.② | 07.① | 08.② | 09.④ | 10.③ | p.161 |
| 38 | 01.② | 02.① | 03.① | 04.③ | 05.① | 06.④ | 07.③ | 08.① | 09.③ | 10.④ | p.162 |
| 39 | 01.② | 02.④ | 03.② | 04.① | 05.② | 06.③ | 07.② | 08.① | 09.② | 10.③ | p.163 |
| 40 | 01.④ | 02.④ | 03.④ | 04.① | 05.① | 06.③ | 07.② | 08.① | 09.③ | 10.③ | p.169 |
| 41 | 01.④ | 02.③ | 03.② | 04.② | 05.④ | 06.② | 07.② | 08.④ | 09.② | 10.① | p.170 |
| 42 | 01.① | 02.② | 03.④ | 04.④ | 05.① | 06.③ | 07.④ | 08.③ | 09.② | 10.③ | p.171 |
| 43 | 01.④ | 02.③ | 03.③ | 04.③ | 05.② | 06.② | 07.① | 08.③ | 09.④ | 10.① | p.177 |
| 44 | 01.① | 02.① | 03.② | 04.④ | 05.③ | 06.① | 07.③ | 08.① | 09.② | 10.④ | p.178 |
| 45 | 01.② | 02.③ | 03.① | 04.① | 05.③ | 06.② | 07.③ | 08.④ | 09.① | 10.③ | p.179 |

## ● 총정리문제 ⑤

| | | | | | | | | | | |
|---|---|---|---|---|---|---|---|---|---|---|
| 01.① | 02.③ | 03.① | 04.② | 05.③ | 06.③ | 07.③ | 08.② | 09.④ | 10.③ | p.180 |
| 11.① | 12.② | 13.② | 14.① | 15.④ | 16.③ | 17.④ | 18.③ | 19.① | 20.④ | |

| | | | | | |
|---|---|---|---|---|---|
| 21.① (3412) | 22.① (2413) | 23.② (3124) | 24.④ (3241) | 25.④ (3412) | p.182 |
| 26.③ (2341) | 27.② (3241) | 28.① (2413) | 29.② (1324) | 30.① (2413) | |
| 31.④ (1342) | 32.③ (2341) | 33.③ (1342) | 34.④ (2143) | 35.① (4132) | |
| 36.④ (3142) | 37.② (3214) | 38.① (4213) | 39.④ (3412) | 40.① (2413) | |

| | | | | | | | | | | |
|---|---|---|---|---|---|---|---|---|---|---|
| 41.④ | 42.③ | 43.① | 44.① | 45.② | 46.② | 47.① | 48.③ | 49.④ | 50.③ | p.186 |

# 부록 - 모의테스트

## 1회

| | | | | | | | | | | | |
|---|---|---|---|---|---|---|---|---|---|---|---|
| 問題5 | 01.① | 02.② | 03.④ | 04.② | 05.④ | 06.③ | 07.④ | 08.① | 09.② | 10.④ | p.192 |
| 問題6 | 11.① (2314) | | 12.④ (2143) | | 13.① (2413) | | 14.① (3124) | | 15.② (1324) | | p.194 |
| 問題7 | 16.① | 17.② | 18.② | 19.③ | 20.④ | | | | | | p.195 |

## 2회

| | | | | | | | | | | | |
|---|---|---|---|---|---|---|---|---|---|---|---|
| 問題5 | 01.① | 02.① | 03.① | 04.③ | 05.③ | 06.② | 07.④ | 08.② | 09.③ | 10.③ | p.197 |
| 問題6 | 11.③ (4132) | | 12.④ (3241) | | 13.① (2314) | | 14.③ (1342) | | 15.② (3214) | | p.199 |
| 問題7 | 16.③ | 17.② | 18.① | 19.③ | 20.④ | | | | | | p.200 |

# JLPT 급소공략 N1 문법 <2nd EDITION>

**지은이** 김성곤
**펴낸이** 정규도
**펴낸곳** (주)다락원

**초판 1쇄 발행** 2010년 11월 5일
**개정판 1쇄 발행** 2018년 8월 29일
**개정판 6쇄 발행** 2024년 9월 24일

**책임편집** 김은경, 송화록
**디자인** 하태호, 정규옥

**다락원** 경기도 파주시 문발로 211
내용문의: (02)736-2031 내선 460~465
구입문의: (02)736-2031 내선 250~252
Fax: (02)732-2037
출판등록 1977년 9월 16일 제 406-2008-000007호



ISBN 978-89-277-1207-7 14730
978-89-277-1205-3(set)

**http://www.darakwon.co.kr**

- 다락원 홈페이지를 방문하시면 상세한 출판 정보와 함께 동영상강좌, MP3 자료 등 다양한 어학 정보를 얻으실 수 있습니다.
- **다락원 홈페이지** 또는 표지 날개 혹은 책 속의 **QR코드**를 찍으시면 **예문 해석 및 문제의 해답과 해석**을 확인하실 수 있습니다.